Delicii Italiene

Artă Culinară de la Veneția la Sicilia

Elena Radu

REZUMAT

Pui Umplut Cu Ragù 9

Friptură de pui fiert 12

Pui sub o cărămidă 15

Salată de pui cu lămâie 17

Salata de pui cu doi ardei 20

Salată piemonteză de pui 23

Piept de curcan umplut rulat 26

Chif de carne de curcan braconat 28

Rulouri de curcan cu sos de roșii de vin roșu 31

Piept de rață cu smochine dulci-acrișoare 34

Rață friptă condimentată 37

Prepeliță la tigaie cu ciuperci porcini 40

Prepelita la gratar 43

Prepelita cu rosii cherry si rozmarin 45

Prepeliță înăbușită 47

Friptură florentină la grătar 54

Friptură cu glazură balsamică 56

Fripturi de conc cu eșalotă, slănină și vin roșu 58

Friptură feliată cu rucola 60

File de fripturi cu gorgonzola 62

Rulouri de vită umplute în sos de roșii 64

Carne de vită și bere 66

Tocană de vită și ceapă 68

Tocană de vită cu piper 71

Tocană de vită friulană 73

Tocană de carne mixtă în stil Cacciatora 75

gulaș de vită 78

Tocană de coadă romană 81

Tijă de vită înăbușită 84

Vinete Umplute Cu Carne De Vita 86

Chiftele napolitane 88

Chiftele cu nuci de pin si stafide 90

Chifteluțe cu varză și roșii cherry 93

Chiftele Bolognese 96

Chiftele cu Marsala 99

Old Naples Meatloaf 101

Friptură cu vin roșu 103

Prăjiți cu sos de ceapă și paste 105

Ruladă de vită umplută siciliană 108

File Prăjit Cu Sos De Măsline 111

Carne fierte amestecate 113

calamari venețieni 117

Calamari cu anghinare si vin alb 119

Calamar umplut la gratar 121

Calamari Umpluti Cu Masline Si Capere 123

Calamari umpluti in stil roman 126

Caracatita la gratar cu fenicul si portocala Mauro 128

Caracatiță înăbușită cu roșii 131

Salată de coajă 133

Conch în sos picant 136

Couscous cu fructe de mare 139

Mix de peste prajit 142

Tocană de pește în stil molise 144

Cotlet francez de pui 150

Cotlet de pui cu busuioc si lamaie 153

Cotlet de pui cu salvie si mazare 155

Pui cu Gorgonzola si nuci 157

Cotlet de pui cu salata 159

Rulouri de pui cu sos de hamsii 162

Rulouri de pui cu vin roșu 164

Puiul „diavolului". 166

Pui crocant la gratar 168

Pui marinat la gratar 170

Pui la cuptor cu cartofi si lamaie 172

Pui rustic și legume 174

Pui cu lamaie si vin alb 177

Pui cu carnati si ardei murati 180

Pui cu telina, capere si rozmarin 183

Pui Romana 185

Pui cu oțet, usturoi și ardei iute 187

Pui prajit toscan 189

Pui Cu șuncă și condimente 192

Pui în stil soția vânătorului 194

Pui cu Porcini 197

Pui Cu Măsline 199

Ficatei de pui cu Vin Santo 201

Pui prăjit cu rozmarin 203

Pui Prăjit Cu Salvie și Vin Alb 206

Pui la friptură de porc 208

Pui Prăjit Cu Marsala și Anșoa 211

Capon prăjit umplut 214

Pui Umplut Cu Ragù

Pui umplut cu Ragù

Face 6 portii

Bunica mea a pregătit astfel pui pentru sărbători și ocazii speciale. Umplutura nu numai că aromatizează puiul din interior spre exterior, dar tot ceea ce se revarsă în sos îi oferă un plus de aromă.

O cantitate generoasă de sos va înconjura puiul. Il poti pune deoparte pentru a fi servit cu paste la o alta masa.

8 uncii spanac, tăiat

8 uncii de vițel măcinat

1 ou mare, batut

¼ cană pesmet uscat

¼ cană Pecorino Romano proaspăt ras

Sare și piper negru proaspăt măcinat

1 pui (3½ până la 4 lire sterline)

2 linguri de ulei de măsline

1 ceapa medie, tocata

1½ pahar de vin alb sec

1 conserve (28 uncii) de roșii decojite, trecute printr-un robot de bucătărie

1 frunză de dafin

1. Pune spanacul într-o oală mare la foc mediu cu 1/4 cană apă. Acoperiți și gătiți timp de 2 până la 3 minute sau până când se ofilesc și se înmoaie. Scurgeți și răciți. Înfășurați spanacul într-o cârpă fără scame și stoarceți cât mai multă apă posibil. Se toaca marunt spanacul.

2. Într-un castron mare, combinați spanacul tocat, vițelul, oul, pesmetul, brânza, sare și piper după gust. Amesteca bine.

3. Clătiți puiul și uscați-l. Se presară în interior și în exterior cu sare și piper. Umpleți ușor cavitatea puiului cu umplutura.

4. Într-o oală mare și grea, încălziți uleiul la foc mediu. Adăugați pieptul de pui cu partea în jos. Coaceți 10 minute sau până când se rumenesc. Întoarceți pieptul de pui în sus. Se împrăștie ceapa în jurul puiului și se călește timp de încă 10 minute sau cam așa ceva. Întindeți orice umplutură rămasă în jurul puiului. Adăugați vin și fierbeți 1 minut. Peste pui se toarnă roșiile, dafinul, sare și

piper după gust. Coborâți focul și acoperiți parțial tigaia. Gatiti 30 de minute.

5. Întoarceți cu grijă puiul. Gătiți acoperit parțial încă 30 de minute. Dacă sosul este prea subțire, deschideți tigaia. Gatiti inca 15 minute sau pana cand puiul se desprinde de os cand este testat cu o furculita.

6. Scoateți puiul din sos. Tăiați puiul și aranjați-l pe o farfurie. Scoateți grăsimea din sos cu o lingură mare sau cu un separator de grăsimi. Se toarnă puțin sos peste pui și se servește fierbinte.

Friptură de pui fiert

Pui Fiart Prăjit

Face 4 portii

Leona Ancona Cantone, o prietenă de la liceu, mi-a spus că mama ei, a cărei familie era din Abruzzo, a făcut așa ceva în urmă cu mulți ani. Bănuiesc că rețeta a început ca o modalitate de a profita la maximum de un pui, deoarece necesită atât bulion, cât și carne prăjită. Metoda de fierbere și prăjire face pasărea foarte fragedă.

1 pui (3½ până la 4 lire sterline)

1 morcov

1 coastă de țelină

1 ceapă decojită

4 sau 5 fire de patrunjel

sare

2/3 cană pesmet simplu

1/3 cană Parmigiano-Reggiano proaspăt ras

½ linguriță oregano uscat, mărunțit

2 sau 3 linguri de ulei de măsline

2 linguri suc de lamaie

Piper negru proaspăt măcinat

1. Puneți vârfurile aripilor la spate. Puneti puiul intr-o oala mare si adaugati apa rece pentru a-l acoperi. Aduceți lichidul la fierbere și gătiți 10 minute. Îndepărtați spuma cu o lingură mare.

2. Adauga morcovul, telina, ceapa, patrunjelul si sare dupa gust. Gătiți la foc mediu-mic până când puiul este fraged când este străpuns cu o furculiță în partea cea mai groasă a coapsei și sucurile curg limpede, aproximativ 45 de minute. Scoateți puiul din oală. (Puteți adăuga mai multe ingrediente, cum ar fi carnea sau carnea de pui, în bulion și gătiți-l timp de aproximativ 60 de minute în plus. Strecurați și dați bulionul la frigider sau congelați-l pentru supe sau alte utilizări.)

3. Așezați un grătar în centrul cuptorului. Preîncălziți cuptorul la 450 ° F. Ungeți o tavă mare de copt.

4. Pe o farfurie se amesteca pesmetul, branza, oregano, uleiul de masline, zeama de lamaie, sare si piper dupa gust.

5. Folosind foarfece grele de bucătărie, tăiați puiul în bucăți mici. Înmuiați puiul în firimituri, mângâindu-l pentru a adera. Pune puiul în vasul de copt pregătit.

6. Coaceți timp de 30 de minute sau până când crusta este aurie și crocantă. Se serveste fierbinte sau la temperatura camerei.

Pui sub o cărămidă

Pui al Mattone

Face 2 portii

Puiul rupt și aplatizat gătit sub o greutate se dovedește crocant la exterior și suculent la interior. În Toscana puteți cumpăra un disc special de lut greu care aplatizează puiul și îl ține uniform de suprafața tigaii. Eu folosesc ca greutate o tigaie grea din fonta, acoperita la exterior cu folie de aluminiu, dar vor merge si caramizile obisnuite invelite in folie. Este important să folosiți un pui foarte mic sau chiar o găină Cornish la această rețetă; altfel exteriorul se va usca înainte ca carnea de lângă os să fie gătită.

1 pui mic (aproximativ 3 kg)

Sare și piper negru proaspăt măcinat

⅓ cană ulei de măsline

1 lămâie, tăiată felii

1. Uscați puiul. Folosind un cuțit mare de bucătar sau un tăietor de pui, împărțiți puiul de-a lungul coloanei vertebrale. Pe o masă de tăiat, deschideți vasul de pui ca pe o carte. Tăiați osul chilei care separă sinusurile. Scoateți vârfurile aripilor și a doua secțiune a aripii de la îmbinare. Aplatizați puiul lovind ușor cu un ciocan de cauciuc sau alt obiect greu. Se presară generos pe ambele părți cu sare și piper.

2.Alegeți o tigaie care să țină puiul turtit și greutatea. Alegeți o a doua tigaie sau o tigaie grea care poate comprima uniform puiul. Acoperiți fundul cu folie de aluminiu, îndoind marginile foliei peste interiorul cratiței pentru a o fixa. Dacă este necesar pentru greutate, umpleți tava acoperită cu folie cu cărămizi.

3.Se toarnă uleiul în tigaie și se încălzește la foc mediu. Adăugați pielea de pui în jos. Pune greutatea deasupra. Gătiți până când pielea devine maro aurie, 12 până la 15 minute.

4.Glisați o spatulă subțire sub pui pentru a-l desprinde din tigaie. Întoarceți cu grijă pielea de pui în sus. Înlocuiți greutatea și gătiți puiul până când sucurile sunt limpezi când este străpuns coapsa, încă aproximativ 12 minute. Se serveste fierbinte cu felii de lamaie.

Salată de pui cu lămâie

Salată de pui cu lămâie

Face 6 portii

Într-o zi fierbinte de vară cât eram în Bordighera, în Liguria lângă granița cu Franța, m-am oprit într-un bar pentru prânz și pentru a mă adăposti de soare. Chelnerul mi-a recomandat această salată de pui proaspăt făcută, care mi-a amintit de salata niçoise pe care o mâncasem cu câteva zile mai devreme în Franța. Tonul conservat este tipic din Nisa, dar și această versiune italiană cu pui este bună.

Aceasta este o salată rapidă de pui, așa că folosesc piept de pui, dar se poate face cu carne de la pui întregi. Puiul poate fi gătit din timp și marinat în dressing, dar legumele au un gust mai bun dacă nu sunt refrigerate după gătire. Le puteți păstra la temperatura camerei timp de aproximativ o oră până când sunteți gata să asamblați salata.

4 cești de casăSupa de puisau un amestec de bulion cumpărat din magazin și apă

4 până la 6 cartofi mici, cerați, cum ar fi Yukon Gold

8 uncii de fasole verde, tăiată în bucăți de 1 inch

sare

2 kg piept de pui dezosat, fără piele, tăiat cu grăsime

Îmbracă-te

½ cană ulei de măsline extravirgin

2 linguri suc de lamaie proaspat, sau dupa gust

1 lingură capere, clătite, scurse și tocate

½ linguriță oregano uscat, mărunțit

Sare și piper negru proaspăt măcinat

2 roșii medii, tăiate felii

1. Pregătiți bulion, dacă este necesar. Puneti cartofii intr-o cratita. Adăugați apă rece pentru a acoperi. Acoperiți cratita și aduceți apa la fiert. Gătiți până când se înmoaie când este străpuns cu un cuțit, aproximativ 20 de minute. Scurgeți cartofii și lăsați-i să se răcească puțin. Scoateți pielea.

2. Aduceți o oală medie cu apă la fiert. Adăugați fasolea verde și sare după gust. Gatiti pana se inmoaie fasolea, aproximativ 10 minute. Scurgeți fasolea și lăsați-o să se răcească sub jet de apă. Uscați fasolea.

3. Într-o oală mare, aduceți bulionul la fiert (dacă nu este gata). Adăugați pieptul de pui și acoperiți tigaia. Gătiți, întorcând puiul o dată, 15 minute sau până când se înmoaie și sucul de pui curge limpede când este străpuns cu o furculiță. Scurgeți pieptul de pui, rezervând bulionul pentru o altă utilizare. Tăiați puiul în cruce și puneți-l într-un castron mediu.

4. Într-un castron mic, amestecați ingredientele pentru dressing. Turnați jumătate din dressing peste pui. Aruncați bine bucățile pentru a le acoperi. Gustați și ajustați condimentele. Așezați puiul în centrul unei farfurii mari. Acoperiți și răciți până la 2 ore.

5. Aranjați fasolea verde, cartofii și roșiile în jurul puiului. Stropiți cu dressingul rămas și serviți imediat.

Salata de pui cu doi ardei

Salata De Pui Cu Ardei

Face 8 până la 10 porții

Atât ardeii prăjiți, cât și ardeii iute murați adaugă interes acestei salate. Dacă ardeii iute nu sunt disponibili, înlocuiți-i cu un alt ardei iute murat, cum ar fi jalapeno sau ardei iute. Ardeii prăjiți în borcan sunt convenabil dacă nu aveți timp să-i prăjiți singur. Această rețetă face mult pui, așa că este perfectă pentru o petrecere. Dacă preferați, rețeta poate fi ușor înjumătățită.

2 pui mici (aproximativ 3 kg fiecare)

2 morcovi

2 coaste de telina

1 ceapă

Câteva fire de pătrunjel

sare

6 boabe de piper negru

6 clopoțel roșu sau galbenArdei copti, decojite și tăiate în fâșii subțiri

Sos

¼ cană ulei de măsline

3 linguri de otet de vin

¼ cană pătrunjel proaspăt cu frunze plate tocat

2 linguri de ardei iute murati tocat marunt, sau dupa gust

1 catel de usturoi, tocat marunt

4 până la 6 căni de verdeață amestecată

1. Puneti puii intr-o oala mare si adaugati apa rece pentru a acoperi. Aduceți lichidul la fierbere și gătiți 10 minute. Foloseste o lingura pentru a degresa si a elimina spuma care se ridica la suprafata.

2. Adauga morcovul, telina, ceapa, patrunjelul si sare dupa gust. Gatiti la foc mediu-mic pana cand puiul este fraged si sucurile sunt limpezi, aproximativ 45 de minute.

3. Între timp, dacă este necesar, prăjiți ardeii. Când puiul este fiert, scoateți-l din tigaie. Rezervați bulionul pentru o altă utilizare.

4. Lăsați puiul să se scurgă și să se răcească. Scoateți carnea. Tăiați carnea în bucăți de 2 inci și puneți-le într-un bol cu ardeii copți.

5. Într-un castron mediu, amestecați ingredientele pentru sos. Se presară jumătate din sos peste pui și ardei și se amestecă bine. Acoperiți și lăsați la frigider până la 2 ore.

6. Chiar înainte de servire, asezonează puiul cu sosul rămas. Gustați și ajustați condimentele, adăugând mai mult oțet dacă este necesar. Aranjați legumele pe o farfurie de servire. Acoperiți cu pui și ardei. Serviți imediat.

Salată piemonteză de pui

Salată piemonteză de pui

Face 6 portii

În Piemont, mesele la restaurant încep de obicei cu o serie lungă de aperitive. Așa am gustat prima dată această salată la Belvedere, un restaurant clasic din regiune. Îmi place să-l servesc ca fel de mâncare principală pentru prânzul de primăvară sau de vară.

Pentru o masă rapidă, faceți această salată cu pui prăjit din magazin în loc de pui poșat. Curcanul prăjit ar fi de asemenea bun.

1 pui (3½ până la 4 lire sterline)

2 morcovi

2 coaste de telina

1 ceapă

Câteva fire de pătrunjel

sare

6 boabe de piper negru

8 uncii ciuperci albe, feliate subțiri

2 coaste de telina, feliate subtiri

¼ cană ulei de măsline

1 conserve (2 uncii) de file de hamsii, scurse si tocate

1 lingurita mustar de Dijon

2 linguri suc de lamaie proaspat stors

Sare și piper negru proaspăt măcinat

Aproximativ 6 căni de verdeață de salată verde, tăiată în bucăți

O bucată mică de Parmigiano-Reggiano

1. Puneti puiul intr-o oala mare si adaugati apa rece pentru a-l acoperi. Aduceți lichidul la fierbere și gătiți 10 minute. Folosind o lingură mare, îndepărtați orice spumă care se ridică la suprafață.

2. Adauga morcovii, telina, ceapa, patrunjelul si sare dupa gust. Gatiti la foc mediu-mic pana cand puiul este fraged si sucurile sunt limpezi, aproximativ 45 de minute. Scoateți puiul din oală. Rezervați bulionul pentru o altă utilizare.

3. Lăsați puiul să se scurgă și să se răcească ușor. Îndepărtați carnea de pe piele și oase. Tăiați carnea în bucăți de 2 inci.

4. Într-un castron mare, combinați bucățile de pui, ciupercile și țelina tăiată subțire.

5. Într-un castron mediu, amestecați uleiul, anșoa, muștarul, sucul de lămâie, sare și piper după gust. Asezonați amestecul de pui cu dressing. Aranjați salata pe o farfurie și acoperiți cu amestecul de pui.

6. Folosind un curățător cu lamă rotativă, radeți Parmigiano-Reggiano peste salată. Serviți imediat.

Piept de curcan umplut rulat

Rula de curcan

Face 6 portii

Jumătățile de piept de curcan sunt ușor de găsit în majoritatea supermarketurilor. În acest fel de mâncare din Emilia-Romagna, după dezosarea și turtirea pieptului de curcan, carnea se rulează și se prăjește cu pielea acoperită deasupra pentru a-l menține umed. Servește friptura caldă sau rece. Este, de asemenea, un sandviș bun servit cu maioneză cu lămâie.

½ piept de curcan (aproximativ 2 1/2 livre)

1 catel de usturoi, tocat marunt

1 lingura rozmarin proaspat tocat

Sare și piper negru proaspăt măcinat

2 uncii șuncă italiană de import feliată subțire

2 linguri de ulei de măsline

1. Așezați un grătar în centrul cuptorului. Preîncălziți cuptorul la 350 ° F. Ungeți o tavă mică de copt.

2. Cu un cuțit ascuțit, îndepărtați toată pielea de curcan. Pune-o deoparte. Tăiați pieptul de curcan din os. Pune pieptul cu partea dezosată în sus pe o placă de tăiat. Pornind de pe o parte lungă, tăiați pieptul de curcan în jumătate pe lungime, oprindu-se imediat pe cealaltă parte lungă. Deschide pieptul de curcan ca la carte. Aplatiza curcanul cu un ciocan de carne la aproximativ ½ inch grosime.

3. Presărați curcanul cu usturoi, rozmarin, sare și piper după gust. Puneți șunca deasupra. Începând de la una dintre părțile lungi, rulați carnea pentru a forma un cilindru. Aranjați pielea de curcan pe rulou. Legați rulada cu sfoară de bucătărie la intervale de 2 inci. Puneți cusătura rulou în jos pe foaia de copt pregătită. Stropiți cu ulei și stropiți cu sare și piper.

4. Prăjiți curcanul timp de 50 până la 60 de minute sau până când temperatura internă a cărnii atinge 155 ° F pe un termometru cu citire instantanee. Lăsați să se odihnească 15 minute înainte de a tăia felii. Se serveste fierbinte sau la temperatura camerei.

Chif de carne de curcan braconat

Chif de carne de curcan

Face 6 portii

În Italia, curcanul este adesea tăiat în bucăți sau măcinat, mai degrabă decât prăjit întreg. Această pâine piemonteză este poșată, ceea ce îi conferă o textură care amintește mai mult de un paté.

Aceasta paine este buna atat calda cat si rece. Serviți cu_Sos verde_, sau un sos de roșii proaspăt.

4 sau 5 felii de pâine italiană, fără crustă și măruntită (aproximativ 1 cană)

½ cană lapte

2 linguri de pătrunjel proaspăt cu frunze plate tocat

1 cățel mare de usturoi

4 uncii de bacon, tocat

½ cană Parmigiano-Reggiano proaspăt ras

Sare și piper negru proaspăt măcinat

1 kilogram de curcan măcinat

2 ouă mari

¼ cană fistic, decojit și tocat grosier

1. Înmuiați pâinea în lapte rece timp de 5 minute sau până când se înmoaie. Strângeți ușor pâinea și puneți-o într-un robot de bucătărie prevăzut cu o lamă de oțel. Aruncați laptele.

2. Se adauga patrunjelul, usturoiul, baconul, branza, sare si piper dupa gust. Procesați până se toacă mărunt. Adăugați curcanul și ouăle și amestecați până la omogenizare. Încorporați fisticul cu o spatulă.

3. Așezați o bucată de pânză umedă de 14 × 12 inci pe o suprafață plană. Modelați amestecul de curcan într-o pâine de 8 × 3 inci și centrați pe cârpă. Înfășurați cârpa în jurul curcanului, înconjurând-o complet. Cu sfoară de bucătărie, legați pâinea la intervale de 2 inci, ca și cum ați lega o friptură.

4. Umpleți o oală mare cu 3 litri de apă rece. Aduceți lichidul la fierbere.

5. Adăugați pâinea și fierbeți, parțial acoperită, timp de 45 de minute sau până când zeama curge limpede când pâinea este străpunsă în centru cu o furculiță.

6. Scoateți pâinea din lichid și lăsați-o să se răcească 10 minute. Desfaceți și feliați pentru a servi.

Rulouri de curcan cu sos de roșii de vin roșu

Rollatini în sos de vin roz

Face 4 portii

Când m-am căsătorit, o vecină mi-a dat această rețetă din regiunea natală a familiei ei, Puglia. L-am modificat de-a lungul anilor și, deși a folosit cotlet de vițel, prefer să-l fac cu curcan. Sandvișurile pot fi pregătite în avans și păstrate la frigider. Se reincalzesc bine o zi sau doua mai tarziu.

4 uncii de vițel sau curcan măcinat

2 uncii de slănină, tocată mărunt

¼ cană pătrunjel proaspăt cu frunze plate tocat

1 cățel mic de usturoi, tocat mărunt

¼ cană pesmet uscat

Sare și piper negru proaspăt măcinat

1 1/4 kilograme de cotlet de curcan feliate subțiri, tăiate în 12 bucăți

2 linguri de ulei de măsline

1½ pahar de vin roșu sec

2 căni de roșii proaspete curățate, fără semințe și tăiate marunt sau de roșii conservate, scurse și tocate

Un praf de ardei iute tocat

1. Într-un castron mare, combinați carnea de vițel, baconul, pătrunjelul, usturoiul, pesmetul, sare și piper după gust. Formați amestecul în 12 forme mici de cârnați, de aproximativ 3 inci lungime. Puneți un cârnați la capătul cotletului de curcan. Rulați carnea pentru a închide cârnații. Folosind o scobitoare, fixați rulada închisă în centru, paralel cu rulada. Repetați operațiunea cu cârnații și cotleturile rămase.

2. Într-o tigaie medie, încălziți uleiul de măsline la foc mediu. Se adauga rulourile si se rumenesc pe toate partile, aproximativ 10 minute. Se adauga vinul si se aduce la fierbere. Gătiți 1 minut, întorcând rulourile.

3. Adaugati rosiile, sare dupa gust si un praf de ardei iute tocat. Reduceți căldura la minim. Acoperiți parțial tigaia. Gatiti, adaugand putina apa calduta cat sa nu se usuce prea mult sosul, timp de 20 de minute sau pana cand rulourile sunt fragede strapungandu-le cu o furculita.

4. Transferați rulourile pe o farfurie. Scoateți scobitorii și turnați sosul peste. Se serveste fierbinte.

Piept de rață cu smochine dulci-acrișoare

Piept de rață cu smochine dulci-acrișoare

Face 4 portii

Această rețetă piemonteză contemporană de piept de rață sotat cu smochine și oțet balsamic este perfectă pentru o cină specială. Pieptul de rață este cel mai bun atunci când este gătit până la mediu-rar și încă roz în partea cea mai groasă. Se serveste cu spanac uns cu unt si cartofi gratinati.

2 piept de rață dezosat (aproximativ 2 kg fiecare)

Sare și piper negru proaspăt măcinat

8 smochine proaspete coapte, verzi sau negre, sau smochine uscate

1 lingura de zahar

¼ cană de oțet balsamic învechit

1 lingura unt nesarat

1 lingură pătrunjel proaspăt cu frunze plate tocat

1. Scoateți pieptul de rața din frigider cu 30 de minute înainte de gătit. Clătiți pieptul de rață și uscați-i. Faceți 2 sau 3 tăieturi în

diagonală în pielea pieptului de rață fără a tăia carnea. Presărați generos cu sare și piper.

2. Între timp, tăiați smochinele proaspete în jumătate sau în sferturi dacă sunt mari. Dacă folosiți smochine uscate, înmuiați-le în apă caldă până când sunt plinuțe, timp de 15 până la 30 de minute. Scurgeți, apoi tăiați în sferturi.

3. Așezați un grătar în centrul cuptorului. Preîncălziți cuptorul la 350 ° F. Pregătiți o foaie mică de copt.

4. Încinge o tigaie mare antiaderență la foc mediu-înalt. Adăugați pieptul de rață cu pielea în jos. Gatiti rata fara sa o intoarceti pana se rumeneste frumos pe partea de piele, 4-5 minute.

5. Ungeți tigaia cu puțină grăsime de rață din tigaie. Puneți pieptul de rață în tigaie cu pielea în sus și prăjiți timp de 5 până la 6 minute, sau până când carnea devine o culoare roz roz când este tăiată în partea cea mai groasă.

6. În timp ce rața este la cuptor, turnați grăsimea din tavă, dar nu o ștergeți. Se adauga smochinele, zaharul si otetul balsamic. Gatiti, rotind tigaia, pana cand lichidul se ingroasa usor, aproximativ 2 minute. Se ia de pe foc si se amesteca untul.

7. După ce ați terminat, puneți pieptul de rață pe o masă de tăiat. Tăiați pieptul în felii diagonale de 3/4 inci. Ventilați feliile pe 4 farfurii calde de servire. Se toarnă sosul de smochine. Se presara patrunjel si se serveste imediat.

Rață friptă condimentată

Rață cu condimente

Face 2 până la 4 porții

În Piemont, rațele sălbatice sunt fierte cu vin roșu, oțet și condimente. Deoarece varietatea de rață Peking domestică disponibilă în Statele Unite este foarte grasă, am adaptat această rețetă pentru prăjire. Nu există multă carne pe o rață, așa că așteptați-vă să obțineți doar două porții mari sau patru mici. Foarfecele pentru păsări sunt de mare ajutor în tăierea rației în bucăți de servire.

1 rață (aproximativ 5 lire sterline)

2 catei de usturoi, tocati

2 cepe medii, feliate subțiri

1 lingura rozmarin proaspat tocat

3 segmente întregi

½ linguriță de scorțișoară măcinată

¼ pahar de vin roșu sec

2 linguri otet de vin rosu

1. Înțepați toată pielea cu o furculiță pentru a elibera grăsimea odată gătită. Aveți grijă să înțepați doar suprafața pielii și să evitați să străpungeți carnea.

2. Într-un castron mediu, amestecați usturoiul, ceapa, rozmarinul, cuișoarele și scorțișoara. Întindeți aproximativ o treime din amestec pe o tavă medie de copt. Așezați rata în tigaie și umpleți o parte din amestec înăuntru. Puneți amestecul rămas deasupra raței. Acoperiți și lăsați la frigider peste noapte.

3. Așezați un grătar în centrul cuptorului. Preîncălziți cuptorul la 180°C. Răzuiți ingredientele de marinată de pe rață și puneți-le în tigaie. Prăjiți rața, cu pieptul în jos, timp de 30 de minute.

4. Întoarceți pieptul de rață în sus și stropiți-l cu vin și oțet. Se prăjește timp de 1 oră, ungem la fiecare 15 minute cu lichidul din tigaie. Creșteți temperatura cuptorului la 400 ° F. Prăjiți încă 30 de minute sau până când rața este frumos rumenită și temperatura în coapsă este de 175 ° F pe un termometru cu citire instantanee.

5. Transferați rața pe o placă de tăiat. Se acopera cu folie alimentara si se lasa sa se odihneasca 15 minute. Se filtrează

sucurile de gătit și se degresează grăsimea cu o lingură. Dacă este necesar, reîncălziți sucurile de gătit.

6. Tăiați rața în bucăți mici și serviți fierbinte cu sos.

Prepeliță la tigaie cu ciuperci porcini

Prepelițe la tigaie cu ciuperci porcini

Face 4 până la 8 porții

În Buttrio, în Friuli-Venezia Giulia, eu și soțul meu am mâncat la Trattoria Al Parco, un restaurant care funcționează din anii 1920. Inima restaurantului este fogolarul, un șemineu uriaș tipic caselor din această regiune. Friulienii povestesc adesea cu drag amintiri din copilărie, nopțile petrecute în jurul fogolarului, gătind și spunând povești. Fogolarul Al Parco este luminat în fiecare seară și este folosit la grătar carne și ciuperci. În noaptea în care am fost acolo, specialitatea erau păsările într-un sos bogat de ciuperci.

1 uncie ciuperci porcini uscate (aproximativ 3/4 cană)

2 căni de apă fierbinte

8 prepelițe, preparate conform instrucțiunilor din extrema dreaptă

8 frunze de salvie

4 felii de bacon

Sare și piper negru proaspăt măcinat

2 linguri de unt nesarat

1 lingura ulei de masline

1 ceapa mica, tocata marunt

1 morcov, tocat fin

1 baton fraged de telina, tocat marunt

1½ pahar de vin alb sec

2 lingurite de pasta de rosii

1. Înmuiați ciupercile în apă timp de cel puțin 30 de minute. Scoateți ciupercile din apă, rezervând lichidul. Clătiți ciupercile sub jet de apă rece, acordând o atenție deosebită capetelor tulpinii unde se acumulează pământ. Se strecoară lichidul de ciuperci rezervat printr-un prosop de pânză sau un filtru de cafea de hârtie într-un bol. Tocați grosier ciupercile. Pus deoparte.

2. Clătiți prepelițele pe dinăuntru și pe exterior și uscați-le bine. Căutați orice pene de ac și îndepărtați-le. Pune o bucată de slănină, o frunză de salvie și un praf de sare și piper.

3. Într-o tigaie mare, încălziți untul și uleiul la foc mediu. Adăugați prepelițele și gătiți, întorcându-le din când în când, până se rumenesc pe toate părțile, aproximativ 15 minute. Transferați

prepelița pe o farfurie. Adăugați ceapa, morcovul și țelina în tigaie. Gatiti, amestecand des, 5 minute sau pana se inmoaie.

4. Adăugați vin și fierbeți 1 minut. Se amestecă ciupercile, pasta de roșii și lichidul de ciuperci. Întoarceți prepelița în tigaie. Se presară cu sare și piper.

5. Aduceți lichidul la fierbere. Reduceți căldura la minim. Acoperiți și gătiți, întorcând și ungând ocazional prepelița, timp de aproximativ 1 oră sau până când păsările sunt foarte fragede când sunt străpunse cu o furculiță.

6. Dacă este prea mult lichid în tigaie, transferați prepelița într-un platou de servire și acoperiți cu folie de aluminiu pentru a se menține cald. Ridicați focul la mare și fierbeți lichidul până scade. Se toarnă sosul peste prepelițe și se servește imediat.

Prepelita la gratar

Calitate la gratar

Se serveşte 2 până la 4

Restaurantul La Badia din Orvieto este specializat în carne gătită la rotisor pe lemne. Cârnaţii, păsările şi fripturile mari răsarce încet flăcările, umplând restaurantul cu arome apetisante. Aceste prepelite, gatite la gratar sau la gratar, sunt inspirate din cele pe care le-am mancat in Umbria. Păsările sunt crocante la exterior şi suculente la interior.

4 prepelite, decongelate daca sunt congelate

1 catel mare de usturoi, tocat marunt

1 lingura rozmarin proaspat, tocat

¼ cană ulei de măsline

Sare şi piper negru proaspăt măcinat

1 lămâie, tăiată felii

1. Clătiţi prepeliţele pe dinăuntru şi pe exterior şi uscaţi-le bine. Căutaţi orice pene de ac şi îndepărtaţi-le. Cu foarfecele de pasăre, tăiaţi prepeliţa în jumătate pe spate şi pe stern. Loviţi

uşor jumătăţile de prepeliţă cu un ciocan de carne sau de cauciuc pentru a le aplatiza uşor.

2.Într-un castron mare, combinaţi usturoiul, rozmarinul, uleiul, sare şi piper după gust. Adăugaţi prepeliţa în castron, amestecând pentru a se acoperi. Acoperiţi şi lăsaţi la frigider timp de 1 oră până peste noapte.

3.Puneţi un grătar sau grătar la aproximativ 5 inci de sursa de căldură. Preîncălziţi grătarul sau broilerul.

4.Prăjiţi sau coaceţi jumătăţile de prepeliţă până se rumenesc bine pe ambele părţi, aproximativ 10 minute. Se serveste fierbinte cu felii de lamaie.

Prepelita cu rosii cherry si rozmarin

Prepelițe în sos

Face 4 până la 8 porții

Molise, situat pe coasta Adriaticii, în sudul Italiei, este una dintre regiunile mai puțin cunoscute ale țării. Este în mare parte agricolă, cu puține facilități turistice și până în anii 1960 a făcut parte din regiunea Abruzzo-Molise. Eu și soțul meu am fost acolo pentru a vizita Majo di Norante, o cramă și un agriturismo (o fermă sau cramă care funcționează și ca osteria) care produce unele dintre cele mai bune vinuri din regiune.

Am mâncat prepeliță preparată cu un sos ușor de roșii aromat cu rozmarin la Vecchia Trattoria da Tonino din Campobasso. De încercat cu un vin Majo di Norante, cum ar fi un Sangiovese.

1 ceapa mica, tocata

2 uncii de bacon, tocat

2 linguri de ulei de măsline

8 prepelite congelate proaspete sau dezghetate

1 lingura rozmarin proaspat tocat

Sare și piper negru proaspăt măcinat

3 linguri de pasta de tomate

1 pahar de vin alb sec

1. Într-o tigaie mare cu un capac strâns, fierbeți ceapa și baconul în ulei de măsline la foc mediu până când ceapa se rumenește, aproximativ 10 minute. Împingeți ingredientele spre părțile laterale ale cratiței.

2. Clătiți prepelițele pe dinăuntru și pe exterior și uscați-le bine. Căutați orice pene de ac și îndepărtați-le. Adăugați prepelițele în tigaie și rumeniți pe toate părțile, aproximativ 15 minute. Se presara cu rozmarin, sare si piper dupa gust.

3. Într-un castron mic, amestecați pasta de roșii și vinul. Se toarnă amestecul peste prepelițe și se amestecă bine. Reduceți căldura la minim. Acoperiți și gătiți, întorcând din când în când prepelițele, timp de aproximativ 50 de minute sau până când sunt foarte fragede când sunt străpunse cu o furculiță. Se serveste fierbinte.

Prepeliță înăbușită

Prepelițe înăbușite

Face 4 portii

Gianni Cosetti este bucătarul și proprietarul Ristorante Roma din Tolmezzo, în Carnia muntoasă din Friuli-Venezia Giulia. Este renumit pentru interpretările sale moderne ale rețetelor tradiționale și ale ingredientelor locale. Când am mâncat acolo, mi-a spus că această rețetă este făcută în mod tradițional cu cocoși, mici păsări sălbatice vânate în timp ce trec prin regiune în migrația lor anuală. Astăzi, Gianni folosește doar vânat proaspăt și le învelește într-o jachetă de bacon, astfel încât să rămână umede și fragede în timpul gătirii. El recomandă să le serviți cu un schioppetino, un vin roșu friulan.

8 prepelite

16 boabe de ienupăr

Aproximativ 16 frunze proaspete de salvie

4 catei de usturoi taiati in felii subtiri

Sare și piper negru proaspăt măcinat

8 felii subtiri de bacon

2 linguri de unt nesarat

2 linguri de ulei de măsline

1 pahar de vin alb sec

1.Clătiți prepelițele pe dinăuntru și pe exterior și uscați-le bine. Căutați orice pene de ac și îndepărtați-le. Umpleți fiecare prepeliță cu 2 boabe de ienupăr, o frunză de salvie și câteva felii de usturoi. Stropiți păsările cu sare și piper. Așezați o frunză de salvie deasupra fiecărei prepelițe. Desfaceți slănina și înfășurați câte o felie în jurul fiecărei prepelițe. Legați o bucată de sfoară de bucătărie în jurul baconului pentru a o ține pe loc.

2.Într-o tigaie mare cu capac etanș, se topește untul cu uleiul la foc mediu. Adăugați prepelița și rumeniți păsările pe toate părțile, aproximativ 15 minute.

3.Se adauga vinul si se aduce la fierbere. Se acoperă tigaia, se reduce focul și se fierbe, întorcând și ungând prepelița cu lichidul de câteva ori, timp de 45-50 de minute sau până când prepelițele sunt foarte fragede. Adăugați puțină apă dacă tigaia se usucă prea mult. Se serveste fierbinte.

Carne

Italienii mănâncă o gamă mult mai variată de carne decât americanii. Carnea de porc, vițelul și mielul sunt cele mai comune, dar italienii mănâncă și mult vânat, în special căprioare și mistreți. Pui de capră, sau pui de capră, este popular în sud; aroma este foarte asemănătoare cu cea a mielului. În unele regiuni, precum Veneto și Puglia, se mănâncă carne de cal, iar o dată în Piemont mi-au oferit măgar înăbușit.

Italia nu are prea mult teren plat pentru animale mari de pășunat, cum ar fi vitele, așa că nu are o tradiție culinară puternică care implică carnea de vită. Excepție este Toscana și unele părți din Umbria, unde este crescută o varietate de vite cunoscută sub numele de Chianina. Această rasă albă este renumită pentru carnea sa aromată, în special pentru friptura florentină, o bucată groasă de friptură Porterhouse la grătar pe cărbune și servită stropită cu uleiul de măsline extravirgin apreciat din regiune.

Pe lângă carnea de vită Chianina și bucăți de calitate, cum ar fi fileul, carnea din Italia tinde să fie mestecată. Este excelent fiert, înăbușit sau fiert, gătit cu sos de carne, sau măcinat pentru chiftele, pâini sau umpluturi. Bucătarii piemontezi se mândresc cu carnea lor de vită Barolo, o bucată mare de carne marinată și gătită lent în cel mai faimos vin roșu din regiune. Napolitanii gătesc fripturi mici de vită în stil pizzaiola, înălțând carnea într-un sos de roșii aromat cu usturoi și oregano. În Sicilia, felii mari și subțiri de carne de vită se umplu, se rulează și se gătesc ca o friptură pentru farsumagru, care înseamnă „fals macră", deoarece aspectul său simplu ascunde umplutura din interior.

Mai frecvent consumată în Italia decât carnea de vită este carnea de vițel, carnea vițeilor masculi tineri, de obicei nu mai mari de opt până la șaisprezece săptămâni. Cel mai bun este cel cu lapte, adică animalul este atât de tânăr încât nu a mâncat niciodată iarbă sau furaj. Carnea de vițel de lapte are o culoare roz pal și este foarte fragedă. Vițelul de la animale mai bătrâne care mănâncă cereale are un roșu mai închis, mai puternic ca aromă și mai mestecat, deși poate fi foarte bun.

Cârnații suculenți, fripturile fragede și coastele crocante sunt doar câteva dintre preparatele aromate din carne de porc consumate în Italia. Una dintre atracțiile preferate din centrul Italiei este camionul porchetta, o dubă special echipată care găzduiește un porc întreg prăjit condimentat cu usturoi, fenicul, ierburi și piper negru. Furgonetele pot fi găsite la târguri și piețe și parcate pe marginea drumurilor, lângă plaje și parcuri. Toată lumea are sursa lui preferată de porchetta și poți comanda câteva felii de luat la cină sau un sandviş de savurat pe loc. Cei care stiu de el cer pretul in plus, adica nu doar sarea ci tot amestecul de condimente care aromatizeaza carnea.

Când am vizitat crama Majo di Norante din Abruzzo, ne-am ospătat cu porc de lapte gătit în aer liber într-un cuptor cu lemne. Pielea era crocanta si aurie iar carnea de porc era servita cu o lamaie in gura si o ghirlanda de crengi de rozmarin in jurul gatului.

În Friuli-Venezia Giulia am mâncat la Restaurantul Blasut, unde proprietarul ne-a povestit totul despre purcelul său anual. Porcii care s-au îngrăşat toată vara şi toamna sunt sacrificaţi şi urmează un festin de o zi. Evenimentul are loc în ianuarie, când vremea este rece, astfel că există mai puţine şanse de contaminare. Se foloseşte fiecare bucată de carne de porc. De fapt, multe dintre mezelurile aromate din Italia, inclusiv şunca, baconul, salamul şi mortadela, au evoluat ca o modalitate de a conserva carnea şi de a folosi toate resturile.

Când oamenii mă întreabă de ce mâncarea din Italia are un gust atât de diferit faţă de aceleaşi alimente preparate aici, mă gândesc întotdeauna la carnea de porc ca exemplu. În Italia carnea este suculentă şi plină de aromă pentru că este grasă, dar în Statele Unite carnea de porc a fost crescută pentru a avea foarte, foarte puţine grăsimi. Odată cu reducerea grăsimii, carnea suferă şi de lipsă de aromă și este foarte greu de gătit fără să devină uscată și tare.

În Italia, mielul este încă un fel de mâncare predominant sezonier, savurat primăvara când mieii sunt foarte tineri și carnea este foarte fragedă. Italienii asociază mielul cu sfârșitul iernii și cu renașterea și reînnoirea care vine odată cu Paștele. Este o parte esențială a sărbătorilor festive.

Majoritatea mielului italian este crescut în regiunile centrale și sudice, deoarece terenul este deluros și stâncos, mai potrivit pentru pășunatul oilor decât a vitelor. Dacă vizitați Toscana, Umbria, Abruzzo și Marche, veți vedea turme de oi care pasc pe dealuri. De la distanță par niște bile de bumbac albe pufoase împrăștiate pe iarbă. Toamna oile sunt duse spre sud și Puglia. Ei se întorc în centrul Italiei primăvara cu un rit anual numit transhumanța. În acest fel animalele se pot hrăni cu ierburile naturale care cresc în acele regiuni în diferite perioade ale anului.

Multe dintre aceste oi sunt crescute pentru laptele lor, iar centrul și sudul Italiei produc o mare varietate de brânzeturi de oaie. Caprele sunt crescute atât pentru lapte, cât și pentru carne și există numeroase rețete care necesită capre de capră. Mielul și capra au o aromă și o textură foarte asemănătoare și pot fi folosite ambele în aceste rețete.

Iepurele este o carne foarte populară în Italia și veți găsi rețete pentru prepararea acesteia în fiecare regiune. Îmi imaginez că este mai popular decât puiul și cu siguranță mai popular. Carnea de iepure are o aromă delicată și se pretează la multe preparate diferite.

Calitatea cărnii de supermarket variază foarte mult. Adesea, doar o gamă limitată de carne este disponibilă. Încercați să găsiți un măcelar cu experiență care să taie carnea conform specificațiilor dvs. și să vă recomande tăia potrivită de carne pentru scopul dvs.

Când primiți carnea acasă, păstrați-o la frigider și gătiți-o, de preferință, în 24-48 de ore. Pentru o păstrare mai lungă, înfășurați bine carnea și congelați. Dezghețați carnea congelată peste noapte la frigider.

Clătiți și uscați carnea cu prosoape de hârtie chiar înainte de gătire. Umiditatea de pe suprafața cărnii previne rumenirea și creează abur care poate întări carnea.

Friptură florentină la grătar

Friptură florentină

Face 6 până la 8 porții

Carnea de vită de cea mai bună calitate din Italia provine de la rasa mare de bovine albe, cunoscută sub numele de Chianina. Această rasă, care își ia numele de la Valdichiana din Toscana, se crede că este unul dintre cele mai vechi tipuri de vite domestice. Au fost crescuți inițial ca animale de tracțiune și crescuți pentru a fi foarte mari și docili. Pe măsură ce mașinile și-au preluat locurile de muncă în fermele moderne, vitele Chianina sunt acum crescute pentru carnea lor de înaltă calitate.

Fripturile Porterhouse, care sunt o tăietură transversală a muschiului scurt și a muschiului, separate printr-un os în formă de T, sunt tăiate din carne de vită Chianina și gătite astfel în Toscana. Chiar dacă carnea de vită Chianina nu este disponibilă în Statele Unite, puteți pregăti fripturi delicioase cu această rețetă. Cumpărați carne de cea mai bună calitate posibilă.

2 fripturi porterhouse, de 1 1/2 inci grosime (aproximativ 2 lire fiecare)

Sare și piper negru proaspăt măcinat

Ulei de măsline extra virgin

felii de lamaie

1. Așezați un grătar sau grătar la aproximativ 4 inci de sursa de căldură. Preîncălziți grătarul sau broilerul.

2. Stropiți fripturile cu sare și piper. Prăjiți sau gătiți carnea timp de 4-5 minute. Întoarceți carnea cu clește și gătiți aproximativ 4 minute mai mult pentru carnea rară sau 5-6 minute pentru cea medie, în funcție de grosimea fripturii. Pentru a verifica dacă este gata, faceți o tăietură mică în partea cea mai groasă. Pentru gătit mai lung, mutați fripturile într-o zonă mai rece a grătarului.

3. Lăsați fripturile să se odihnească 5 minute înainte de a le tăia în cruce în felii subțiri. Se presară cu mai multă sare și piper. Asezonați cu ulei. Se serveste fierbinte cu felii de lamaie.

Friptură cu glazură balsamică

Friptura balsamică

Face 6 portii

Friptura slabă, dezosată, este cea mai bună atunci când este stropită cu oțet balsamic și ulei de măsline înainte de a o prăji sau la grătar. Oțetul balsamic conține zaharuri naturale, așa că atunci când este uns pe carne înainte de a fi fript, prăjit sau grătar, ajută la formarea unei cruste maronii drăguțe care sigilează sucurile cărnii și adaugă o aromă netedă. Folosește cel mai bun oțet balsamic pe care îl poți găsi.

2 linguri ulei de măsline extravirgin, plus mai mult pentru condiment

2 linguri de otet balsamic

1 catel de usturoi, tocat marunt

1 friptură de flanc, aproximativ 1 1/2 lbs

Sare și piper negru proaspăt măcinat

1. Într-un vas puțin adânc suficient de mare pentru a ține friptura, combinați uleiul, oțetul și usturoiul. Adăugați friptura,

întorcându-se să se îmbrace cu marinada. Acoperiți și lăsați la frigider până la 1 oră, întorcând friptura din când în când.

2. Puneți un grătar sau grătar la aproximativ 4 inci de sursa de căldură. Preîncălziți grătarul sau broilerul. Scoateți friptura din marinată și uscați. Friptura la grătar sau coace timp de 3-4 minute. Întoarceți carnea cu clești și gătiți aproximativ 3 minute mai mult pentru carnea rară sau 4 minute pentru cea medie, în funcție de grosimea fripturii. Pentru a verifica dacă este gata, faceți o tăietură mică în partea cea mai groasă. Pentru gătit mai lung, mutați friptura într-o zonă mai rece a grătarului.

3. Stropiți friptura cu sare și piper. Lăsați să se odihnească 5 minute înainte de a tăia carnea peste bob în felii subțiri. Se condimentează cu puțin ulei de măsline extravirgin.

Fripturi de conc cu eșalotă, slănină și vin roșu

Friptură în vin roșu

Face 4 portii

Fripturile fragede de conc primesc un strop de aromă din slănină, eșalotă și vin roșu.

2 linguri de unt nesarat

1 felie groasă de slănină (aproximativ 1 uncie), tocată mărunt

2 fripturi de conc dezosate, de aproximativ 1 inch grosime

Sare și piper negru proaspăt măcinat

¼ cană de eșalotă tocată

1½ pahar de vin roșu sec

½ cană de casă<u>ciorba de vacuta</u>sau bulion de vită cumpărat din magazin

2 linguri de otet balsamic

1. Preîncălziți cuptorul la 200°F. Într-o tigaie mare, topește 1 lingură de unt la foc mediu. Adauga baconul. Gatiti pana se

rumeneste baconul, aproximativ 5 minute. Scoateți slănina cu o lingură cu fantă și turnați grăsimea.

2. Uscați fripturile. Topiți lingura de unt rămasă în aceeași tigaie la foc mediu. Când spuma de unt scade, puneți fripturile în tigaie și gătiți până se rumenesc bine, 4 până la 5 minute. Se presară cu sare și piper. Întoarceți carnea cu clește și gătiți 4 minute pe cealaltă parte pentru carnea rară sau 5-6 minute pentru rară medie. Pentru a verifica dacă este gata, faceți o tăietură mică în partea cea mai groasă. Transferați fripturile pe un platou rezistent la căldură și păstrați-le calde la cuptor.

3. Adăugați eșapa în tigaie și gătiți, amestecând, timp de 1 minut. Se adauga vinul, bulionul si otetul balsamic. Se aduce la fierbere și se fierbe până când lichidul devine gros și însiropat, aproximativ 3 minute.

4. Se amestecă baconul în sucul din tigaie. Se toarnă sosul peste fripturi și se servește imediat.

Friptură feliată cu rucola

Fâșii de vită

Face 4 portii

Straccetti înseamnă „cârpe mici", cu care seamănă aceste fâșii înguste de carne. Înainte de a pregăti acest fel de mâncare, puneți carnea la congelator până când este suficient de fermă încât să fie feliată subțire. Pregătiți toate ingredientele, dar îmbrăcați salata doar cu puțin timp înainte de a găti carnea.

2 buchete de rachetă

4 linguri ulei de masline extravirgin

1 lingura otet balsamic

1 lingură eșalotă tocată

Sare și piper negru proaspăt măcinat

1 1/4 de lire sterlină slabă dezosată sau altă friptură fragedă

1 lingurita rozmarin proaspat tocat

1. Curățați racheta, îndepărtând tulpinile și orice frunze învinețite. Spălați-le în mai multe schimburi de apă proaspătă. Se usucă foarte bine. Tăiați racheta în bucăți mici.

2. Într-un castron mare, amestecați 2 linguri de ulei, oțet, eșalotă, sare și piper după gust.

3. Cu un cuțit ascuțit, tăiați friptura în cruce în felii foarte subțiri. Încinge o tigaie mare și grea la foc mediu. Cand este foarte fierbinte, adauga restul de 2 linguri de ulei de masline. Aranjați feliile de vită în tigaie într-un singur strat, în șarje dacă este necesar și gătiți până se rumenesc, aproximativ 2 minute. Întoarceți carnea cu clește și stropiți cu sare și piper. Gatiti pana se rumenesc foarte usor, aproximativ 1 minut, rar.

4. Condimentează rucola cu dressing și aranjează-o pe o farfurie de servire. Aranjați feliile de vită peste rucola și stropiți cu rozmarin. Serviți imediat.

File de fripturi cu gorgonzola

File de vita cu Gorgonzola

Face 4 portii

Fripturile de muschi au o aromă blândă, dar acest sos luxos le oferă mult caracter. Cereți măcelarului dvs. să taie fripturile nu mai groase de 1,5 cm pentru a face gătitul mai ușor și legați fiecare friptură cu sfoară de bucătărie, astfel încât să-și mențină forma. Asigurați-vă că măsurați și aliniați toate ingredientele înainte de a începe să gătiți, deoarece merge foarte repede.

4 fripturi de muschi de vita, de aproximativ 1 inch grosime

Ulei de măsline extra virgin

Sare și piper negru proaspăt măcinat

3 linguri de unt nesarat

1 șalotă mică, tocată mărunt

¼ pahar de vin alb sec

1 lingură muștar de Dijon

Aproximativ 4 uncii de brânză Gorgonzola, coaja îndepărtată și tăiată în bucăți

1. Ungeți fripturile cu ulei de măsline și stropiți-le cu sare și piper. Acoperiți și păstrați la frigider. Scoateți fripturile din frigider cu aproximativ 1 oră înainte de gătire.

2. Preîncălziți cuptorul la 200°F. Topiți 2 linguri de unt într-o tigaie mare la foc mediu. Odată ce spuma de unt s-a diminuat, uscați fripturile. Puneți-le în tigaie și gătiți până devin aurii, 4 până la 5 minute. Întoarceți carnea cu clește și gătiți-o pe cealaltă parte, 4 minute pentru carnea rară sau 5-6 minute pentru carnea rară medie. Pentru a verifica dacă este gata, faceți o tăietură mică în partea cea mai groasă. Transferați fripturile pe un platou rezistent la căldură și păstrați-le calde la cuptor.

3. Adăugați eșapa în tigaie și gătiți, amestecând, timp de 1 minut. Se amestecă vinul și muștarul. Reduceți focul la mic și adăugați gorgonzola. Adăugați toate sucurile care s-au adunat în jurul fripturii. Se ia de pe foc si se adauga restul de 1 lingura de unt.

4. Se toarnă sosul peste fripturi și se servește.

Rulouri de vită umplute în sos de roșii

Cotlete de roșii

Face 4 portii

Feliile subțiri și rotunde de carne de vită sunt perfecte pentru cotlete, pronunțat în mod obișnuit bra-zholl, un fel de mâncare aromat, gătit lent. Căutați felii mari de carne de vită fără mult țesut conjunctiv, astfel încât să își mențină bine forma.

Cotletele pot fi gătite ca parte a ragù napolitan. Unii bucătari umplu cotletele cu un ou fiert tare, în timp ce alții adaugă stafide și nuci de pin la umplutura de bază.

4 felii subțiri rotunde de vită, dezosate, de aproximativ 1 kg

3 catei de usturoi, tocati marunt

2 linguri pecorino romano ras

2 linguri de pătrunjel proaspăt cu frunze plate tocat

Sare și piper negru proaspăt măcinat

2 linguri de ulei de măsline

1 pahar de vin roșu sec

2 cani de conserve de rosii italiene de import cu sucul lor, trecute printr-o rasnita alimentara

4 frunze de busuioc proaspăt, tăiate bucăți

1. Așezați carnea între 2 bucăți de folie de plastic și bateți ușor cu partea plată a unui ciocan de carne sau a unui ciocan de cauciuc până când are o grosime uniformă de 1/8 inch. Scoateți piesa de plastic de sus.

2. Pune deoparte 1 catel de usturoi tocat pentru sos. Se presara carnea cu restul de usturoi, branza, patrunjel, sare si piper dupa gust. Rulați fiecare bucată ca pe un cârnați și legați-o ca pe o friptură mică cu sfoară de bucătărie de bumbac.

3. Încinge uleiul într-o tigaie mare. Adăugați cotletele. Gătiți, întorcând carnea din când în când, până se rumenește pe toate părțile, aproximativ 10 minute. Se împrăștie usturoiul rămas în jurul cărnii și se fierbe 1 minut. Adăugați vinul și fierbeți timp de 2 minute. Adăugați roșiile cherry și busuioc.

4. Acoperiți și gătiți la foc mic, întorcând carnea din când în când, până când se înmoaie când este străpuns cu o furculiță, aproximativ 2 ore. Adăugați puțină apă dacă sosul este prea gros. Se serveste fierbinte.

Carne de vită și bere

Carbonat de bou

Face 6 portii

Carne de vită, bere și ceapă este o combinație câștigătoare în această tocană din Tirolul de Sud. Este asemănător cu carbonnadele franceze de vită, provenite chiar peste graniță.

Mandrina de vită dezosată este o alegere bună pentru tocană. Are suficientă marmorare pentru a rămâne umed în timpul gătirii lungi.

4 linguri de unt nesarat

2 linguri de ulei de măsline

3 cepe medii (aproximativ 1 kilogram), feliate subțiri

1,4 kg tocană de vită dezosată, tăiată în bucăți de 3,5 cm

½ cană făină universală

12 uncii de bere, orice tip

2 căni de roșii proaspete curățate, fără semințe, tocate sau piure de roșii din conserva

Sare și piper negru proaspăt măcinat

1. Topiți 2 linguri de unt cu 1 lingură de ulei într-o tigaie mare la foc mediu-mic. Adăugați ceapa și gătiți, amestecând des, până când ceapa se rumenește ușor, aproximativ 20 de minute.

2. Într-un cuptor olandez mare sau într-o altă oală adâncă, grea, cu un capac etanș, topește untul rămas cu uleiul la foc mediu. Trage jumătate din carne în făină și scutură excesul. Rumeniți bine bucățile pe toate părțile, aproximativ 10 minute. Transferați carnea pe o farfurie. Repetați cu restul de carne.

3. Se toarnă grăsimea din cratiță. Adăugați berea și aduceți la fierbere, răzuind fundul cratiței pentru a amesteca bucățile rumenite în bere. Gatiti 1 minut.

4. Așezați un grătar în centrul cuptorului. Preîncălziți cuptorul la 375 ° F. Întoarceți toată carnea în tava. Adaugati ceapa, rosiile, sare si piper dupa gust. Aduceți lichidul la fierbere.

5. Acoperiți cratita și gătiți la cuptor, amestecând din când în când, timp de 2 ore sau până când carnea este fragedă când este străpunsă cu un cuțit. Se serveste fierbinte.

Tocană de vită și ceapă

Carbonate

Face 6 portii

În Trentino-Alto Adige această tocană cu un nume asemănător cu cea anterioară este preparată cu vin roșu și condimente. Carnea de vită este uneori înlocuită cu carne de căprioară sau altă carne de vânat. Mămăliga moale și untoasă este acompaniamentul clasic pentru această tocană copioasă, dar îmi place și însoțită*Piure de conopidă*.

3 linguri de unt nesarat

3 linguri de ulei de măsline

2 cepe medii, tăiate în sferturi și feliate subțiri

½ cană făină universală

Mandrina de vită dezosată de 3 kg, tăiată în bucăți de 2 inci

1 pahar de vin roșu sec

⅛ linguriță de scorțișoară măcinată

⅛ linguriță cuișoare măcinate

⅛ linguriță nucșoară măcinată

1 cană bulion de vită

Sare și piper negru proaspăt măcinat

1. Într-o tigaie mare, topește 1 lingură de unt cu 1 lingură de ulei la foc mediu-mic. Adăugați ceapa și gătiți, amestecând din când în când, până se înmoaie, aproximativ 15 minute.

2. Într-un cuptor olandez mare sau într-o altă oală adâncă, grea, cu un capac etanș, topește untul rămas cu uleiul la foc mediu. Întindeți făina pe o foaie de hârtie de copt. Trage carnea în făină, eliminând excesul. Adăugați doar suficiente bucăți în tigaie încât să se potrivească confortabil, fără a se înghesui. Pe măsură ce carnea se rumenește, se transferă pe o farfurie, apoi se rumenește carnea rămasă în același mod.

3. Cand toata carnea s-a rumenit si indepartat, adaugam vinul in tigaie si aducem la fiert, racland fundul tigaii pentru a amesteca bucatile rumenite cu vinul. Se fierbe 1 minut.

4. Întoarceți carnea în tigaie. Adăugați ceapa, condimentele și bulionul. Asezonați cu sare și piper. Aduceți la fierbere și acoperiți tigaia. Gatiti, amestecand ocazional, timp de 3 ore, sau pana cand carnea este foarte frageda cand este strapunsa cu o

furculita. Adăugați puțină apă dacă lichidul devine prea gros. Se serveste fierbinte.

Tocană de vită cu piper

Peposo

Face 6 portii

Toscanii fac această tocană cu piper cu tulpini de vițel sau de vită, dar eu prefer să folosesc carne de vită dezosată. Potrivit lui Giovanni Righi Parenti, autorul cărții La Grande Cucina Toscana, când cu multă vreme ardeiul era prohibitiv de scump, bucătarii economiseau boabe de piper din feliile de salam până când erau suficiente pentru a face peposo.

Prietenul meu Marco Bartolini Baldelli, proprietarul fermei Fattoria di Bagnolo, mi-a spus că această tocană era favorită a zidarilor toscani din orașul Impruneta, care o găteau în cuptoarele lor. O sticlă de Fattoria di Bagnolo Chianti Colli Fiorentini Riserva ar fi un acompaniament ideal.

2 linguri de ulei de măsline

Mandrina de vită de 3 kg, tăiată în bucăți de 2 inci

Sare și piper negru proaspăt măcinat

2 catei de usturoi, tocati marunt

2 pahare de vin roșu sec

½ cană roșii decojite, fără semințe și tocate

1 lingurita piper negru proaspat macinat, sau dupa gust

1. Într-un cuptor olandez mare sau în altă oală adâncă, grea, cu un capac etanș, încălziți uleiul la foc mediu. Uscați carnea și rumeniți-o pe toate părțile, în porții, fără a înghesui tigaia, aproximativ 10 minute pe porție. Se presară cu sare și piper. Transferați carnea pe o farfurie.

2. Se amestecă usturoiul în grăsimea din tigaie. Se adauga vinul rosu, sare si piper dupa gust si rosiile. Se aduce la fierbere și se pune carnea înapoi în tigaie. Adăugați apă rece cât să acopere carnea. Acoperiți oala. Reduceți focul la mic și gătiți, amestecând din când în când, timp de 2 ore.

3. Adăugați vinul și gătiți încă 1 oră, sau până când carnea este foarte fragedă când este străpunsă cu o furculiță. Gustați și ajustați condimentele. Se serveste fierbinte.

Tocană de vită friulană

Carne de vită în Squazet

Face 6 portii

Pui, vita și rață sunt doar câteva dintre tipurile de carne care se gătesc în squazet, care în dialectul friulan înseamnă „încărcat".

½ cană ciuperci porcini uscate

1 cană de apă caldă

¼ cană ulei de măsline

Mandrina de vită de 3 kg, tăiată în bucăți de 2 inci

2 cepe mari, tocate mărunt

2 linguri de pasta de tomate

1 pahar de vin roșu sec

2 foi de dafin

Un praf de cuișoare măcinate

Sare și piper negru proaspăt măcinat

2 cești de casă <u>ciorba de vacuta</u> sau bulion de vită cumpărat din magazin

1. Înmuiați ciupercile în apă timp de 30 de minute. Scoateți ciupercile și rezervați lichidul. Clătiți ciupercile sub jet de apă rece pentru a îndepărta orice reziduu, acordând o atenție deosebită capetele tulpinilor unde se acumulează pământ. Tocați grosier ciupercile. Se strecoară lichidul de ciuperci printr-un filtru de hârtie de cafea într-un bol.

2. Într-o tigaie mare, încălziți uleiul la foc mediu. Uscați carnea. Se adaugă carnea de vită și se rumenește bine pe toate părțile, aproximativ 10 minute, transferând bucățile pe o farfurie pe măsură ce se rumenesc.

3. Adăugați ceapa în oală și gătiți până se înmoaie, aproximativ 5 minute. Se amestecă pasta de roșii. Adăugați vinul și aduceți lichidul la fierbere.

4. Întoarceți carnea în tigaie. Adaugati ciupercile cu lichidul lor, dafinul, cuisoarele, sare si piper dupa gust. Adăugați bulionul. Acoperiți și fierbeți, amestecând din când în când, până când carnea este fragedă și lichidul este redus, 2 1/2 până la 3 ore. Dacă este prea mult lichid, deschideți vasul în ultimele 30 de minute. Scoateți frunzele de dafin. Se serveste fierbinte.

Tocană de carne mixtă în stil Cacciatora

Scottiglia

Face 8 până la 10 porții

În Toscana, când carnea era rară, mai mulți vânători se adunau și contribuiau cu bucăți mici de carne disponibilă pentru a crea această tocană complexă. Puteți adăuga sau înlocui orice, de la carne de vită, pui, miel sau porc până la fazan, iepure sau bibilică. Cu cât este mai mare varietatea cărnii, cu atât mai bogată este aroma tocanei.

¼ cană ulei de măsline

1 pui, taiat in 8 portii

1 kg tocană de vițel dezosată, tăiată în bucăți de 2 inci

1 kg umăr de miel, tăiat în bucăți de 2 inci

1 kilogram de umăr de porc, tăiat în bucăți de 2 inci

1 ceapa rosie mare, tocata marunt

2 coaste fragede de telina, tocate

2 morcovi mari, tocati marunt

2 catei de usturoi, tocati marunt

1 pahar de vin roşu sec

sare

½ linguriță de ardei roşu măcinat

2 cani de rosii tocate, proaspete sau conservate

1 lingura rozmarin proaspat tocat

2 ceşti de casăSupa de pui,ciorba de vacutasau supa de pui sau de vită cumpărată din magazin

Latură

8 felii de pâine italiană sau franceză

2 catei mari de usturoi, curatati de coaja

1. Într-un cuptor olandez suficient de mare pentru a conține toate ingredientele sau într-o altă oală adâncă, grea, cu un capac etanş, încălziți uleiul la foc mediu. Uscați carnea. Adăugați doar câte piese se potrivesc confortabil într-un singur strat. Rumeniți bine bucățile pe toate părțile, aproximativ 10 minute per lot, apoi transferați-le pe o farfurie. Continuați până când toată carnea se rumeneşte.

2. Adăugați ceapa, țelina, morcovii și usturoiul în tigaie. Gatiti, amestecand des, pana se inmoaie, aproximativ 10 minute.

3. Intoarce carnea in tigaie si adauga vinul, sare dupa gust si chilli tocat. Aduceți lichidul la fierbere. Adăugați roșiile, rozmarinul și bulionul. Reduceți căldura, astfel încât lichidul să facă bule. Gatiti, amestecand ocazional, pana cand toate carnurile sunt fragede, aproximativ 90 de minute. (Adăugați puțină apă dacă sosul devine prea uscat.)

4. Prăjiți feliile de pâine și frecați-le cu usturoiul decojit. Aranjați carnea și sosul pe un platou mare. Aranjați feliile de pâine de jur împrejur. Se serveste fierbinte.

gulaș de vită

Gulash de vită

Face 8 portii

Partea de nord a Trentino-Alto Adige a fost cândva parte a Austriei; a fost anexată Italiei după primul război mondial. Ca urmare, mâncarea este austriacă, dar cu accent italian.

Condimentele uscate, cum ar fi boia de ardei, sunt bune doar aproximativ șase luni după deschiderea recipientului. După aceea, aroma dispare. Merită să cumpărați un borcan nou când faceți această tocană. Asigurați-vă că utilizați boia de ardei importată din Ungaria. Puteți folosi toată boia dulce sau o combinație de dulce și picant după gustul dvs.

3 linguri untura, grasime de bacon sau ulei vegetal

Mandrina de vită dezosată de 2 kg, tăiată în bucăți de 2 inci

Sare și piper negru proaspăt măcinat

3 cepe mari, feliate subțiri

2 catei de usturoi, tocati

2 pahare de vin roșu sec

¼ cană boia dulce maghiară sau o combinație de boia dulce și iute

1 frunză de dafin

Zeste de lămâie cu o fâșie de 2 inci

1 lingura pasta de tomate dublu concentrata

1 lingurita chimen macinat

½ linguriță maghiran uscat

Suc proaspăt de lămâie

1. Într-un cuptor olandez mare sau într-o altă oală adâncă, grea, cu un capac etanș, încălziți untura sau sosul la foc mediu. Uscați carnea și adăugați în tigaie doar câte bucăți se potrivesc confortabil într-un singur strat. Rumeniți bine bucățile pe toate părțile, aproximativ 10 minute per lot. Transferați carnea pe o farfurie și stropiți cu sare și piper.

2. Adăugați ceapa în tigaie și gătiți, amestecând des, până când se înmoaie și se rumenește, aproximativ 15 minute. Se amestecă usturoiul. Adăugați vinul și răzuiți fundul cratiței. Întoarceți carnea în tigaie. Aduceți lichidul la fierbere.

3. Adauga boia de ardei, dafin, coaja de lamaie, pasta de rosii, chimen si maghiran. Adăugați suficientă apă pentru a acoperi doar carnea.

4. Acoperiți oala și gătiți timp de 2 1/2 până la 3 ore sau până când carnea este fragedă. Se amestecă sucul de lămâie. Scoateți frunza de dafin și coaja de lămâie. Gustați și ajustați condimentele. Se serveste fierbinte.

Tocană de coadă romană

Coda alla vaccinara

Face 4 până la 6 porții

Deși coada de bou nu conține prea multă carne, ceea ce există este foarte gustos și fraged atunci când este gătită încet la modul roman. Sosul rămas este bun pe rigatoni sau alte paste tăiate groase.

¼ cană ulei de măsline

3 kg coadă de bou, tăiată în bucăți de 1 1/2 inch

1 ceapa mare, tocata

2 catei de usturoi, tocati marunt

1 pahar de vin roșu sec

2 1/2 cani de rosii proaspete, curatate de coaja, fara samburi si tocate, sau rosii din conserva, scurse si tocate

¼ linguriță cuișoare măcinate

Sare și piper negru proaspăt măcinat

2 căni de apă

6 coaste fragede de telina, tocate

1 lingura de ciocolata amara tocata

3 linguri de nuci de pin

3 linguri de stafide

1. Într-un cuptor olandez mare sau într-o altă oală adâncă, grea, cu un capac etanș, încălziți uleiul de măsline. Se usucă coada de bou și se adaugă în tigaie doar câte bucăți se potrivesc confortabil într-un singur strat. Rumeniți bine bucățile pe toate părțile, aproximativ 10 minute per lot. Transferați bucățile pe o farfurie.

2. Adăugați ceapa și gătiți, amestecând din când în când, până se rumenesc. Adăugați usturoiul și gătiți încă 1 minut. Deglazează cu vin, răzuind fundul cratiței.

3. Întoarceți coada de bou în tigaie. Adaugati rosiile, cuisoarele, sare si piper dupa gust si apa. Acoperiți cratita și aduceți lichidul la fierbere. Reduceți focul și gătiți, amestecând din când în când, până când carnea este fragedă și se desprinde de oase, aproximativ 3 ore.

4. Între timp, aduceți o oală mare cu apă la fiert. Adăugați țelina și gătiți 1 minut. Scurgeți bine.

5.Amestecați ciocolata în tigaia cu codițele de bou. Adăugați țelina, nucile de pin și stafidele. Aduce la fierbere. Se serveste fierbinte.

Tijă de vită înăbușită

Hock în vin

Face 6 portii

În acest fel de mâncare cu aromă intensă, gătită încet, felii groase de ciocan de vită sunt fierte cu legume și vin roșu. Legumele fierte care o însoțesc sunt amestecate cu sucurile de gătit pentru a crea un sos delicios pentru carne. Serviți-l cu o garnitură de cartofi sau mămăligă sau adăugați puțin sos<u>gnocchi de cartofi</u>.

2 linguri de unt nesarat

1 lingura ulei de masline

3 felii de ciocan de vită (aproximativ 1,3 kg), bine tăiate

Sare și piper negru proaspăt măcinat

4 morcovi, tocați

3 coaste de telina, tocate

1 ceapa mare, tocata

2 pahare de vin roșu sec

1 frunză de dafin

1. Într-un cuptor olandez mare sau în altă oală adâncă, grea, cu un capac etanș, topește untul cu uleiul. Uscați carnea și rumeniți-o bine pe toate părțile, aproximativ 10 minute. Se presară cu sare și piper. Transferați carnea pe o farfurie.

2. Adăugați legumele și gătiți, amestecând des, până se rumenesc, aproximativ 10 minute.

3. Adăugați vinul și gătiți, răzuind fundul tigaii cu o lingură de lemn. Se fierbe vinul timp de 1 minut. Reveniți carnea în oală și adăugați foaia de dafin.

4. Acoperiți tigaia și reduceți focul la mic. Dacă lichidul se evaporă prea mult, adăugați puțină apă caldă. Gătiți 2 1/2 până la 3 ore, întorcând carnea din când în când, până când se înmoaie când este străpunsă cu un cuțit.

5. Scoateți carnea într-o farfurie și acoperiți pentru a se menține cald. Aruncați frunza de dafin. Treceți legumele printr-o moară sau amestecați-le în blender. Gustați și ajustați condimentele. Reîncălziți dacă este necesar. Se toarnă sosul de legume peste carne. Serviți imediat.

Vinete Umplute Cu Carne De Vita

Vinete umplute

Face 4 până la 6 porții

Vinetele mici de aproximativ trei centimetri lungime sunt ideale pentru umplutură. Sunt bune calde sau la temperatura camerei.

2 1/2 cani oricare Sos de rosii

8 vinete noi

sare

12 oz carne de vită măcinată

2 uncii de salam tocat sau șuncă italiană importată

1 ou mare

1 catel de usturoi, tocat marunt

1/3 cană pesmet simplu

1/4 cană Pecorino Romano sau Parmigiano-Reggiano ras

2 linguri de pătrunjel proaspăt cu frunze plate tocat

Sare și piper negru proaspăt măcinat

1. Pregătiți sos de roșii, dacă este necesar. Apoi puneți un grătar în centrul cuptorului. Preîncălziți cuptorul la 375 ° F. Ungeți cu ulei o tavă de copt de 12 × 9 × 2 inci.

2. Aduceți o oală mare cu apă la fiert. Scoateți capacul de sus al vinetelor și tăiați-le în jumătate pe lungime. Adauga vinetele in apa cu sare dupa gust. Se fierbe până când vinetele se înmoaie, 4 până la 5 minute. Pune vinetele intr-o strecuratoare sa se scurga si sa se raceasca.

3. Cu o lingurita extragem pulpa fiecarei vinete, lasand o coaja de aproximativ ½ centimetru grosime. Tăiați pulpa și puneți-o într-un castron mare. Puneți cojile în tava de copt cu pielea în jos.

4. La pulpa de vinete se adauga carnea de vita, salamul, oul, usturoiul, pesmetul, branza, patrunjelul, sare si piper dupa gust. Turnați amestecul în cojile de vinete, nivelând blatul. Se toarnă sosul de roșii peste vinete.

5. Gătiți până când umplutura este gătită, aproximativ 20 de minute. Se serveste fierbinte sau la temperatura camerei.

Chiftele napolitane

Chiftele

Face 6 portii

Mama a pregătit o porție din aceste chiftele o dată pe săptămână pentru a le adăuga într-o oală mare de ragù. De fiecare dată când nu se uita, cineva scotea unul din oală pentru a mânca ca gustare. Bineînțeles că știa asta, așa că făcea adesea un lot dublu.

3 căni <u>ragù napolitan</u>SAU<u>Sos marinara</u>

Mandrină de vită măcinată de 1 kg

2 ouă mari, bătute

1 catel mare de usturoi, tocat marunt

½ cană Pecorino Romano proaspăt ras

½ cană pesmet simplu

2 linguri de patrunjel proaspat cu frunze plate tocat marunt

1 lingurita de sare

Piper negru proaspăt măcinat

¼ cană ulei de măsline

1. Pregătiți ragu sau sosul, dacă este necesar. Apoi, într-un castron mare, combinați carnea de vită, ouăle, usturoiul, brânza, pesmetul, pătrunjelul, sare și piper după gust. Folosind mâinile, amestecați bine toate ingredientele.

2. Clătiți-vă mâinile cu apă rece pentru a preveni lipirea, apoi modelați ușor amestecul în bile de 2 inci. (Dacă faceți chifteluțe pentru a le folosi în lasagna sau ziti coapți, modelați carnea în biluțe de mărimea unui strugure mic.)

3. Încinge uleiul într-o tigaie mare și grea la foc mediu. Adăugați chiftelele și prăjiți până se rumenesc pe toate părțile, aproximativ 15 minute. (Întoarceți-le cu grijă cu clești.) Transferați chiftelele pe o farfurie.

4. Transferați chiftelele în tigaia cu ragù sau sosul de roșii. Se fierbe până la fiert, aproximativ 30 de minute. Se serveste fierbinte.

Chiftele cu nuci de pin si stafide

Chiftelușe cu nuci de pin și struguri uscați

Face 20 de chiftele de 2 inci

Secretul pentru o chifteluță sau un chiftelu bun suculent este să adăugați pâine sau pesmet la amestec. Pâinea absoarbe sucul cărnii și le reține în timpul gătirii. Pentru a obține o crustă suplimentară, aceste chiftele sunt, de asemenea, acoperite cu pesmet uscat înainte de coacere. Această rețetă mi-a fost oferită de prietenul meu Kevin Benvenuti care deține un magazin gourmet în Westin, Florida. Rețeta a fost a bunicii lui Carolina.

Unii bucătari le place să sară peste etapa de prăjire și să adauge chiftelele direct în sos. Chiftele vor fi mai moi. Prefer textura mai fermă și aroma mai bună care provine de la prăjire.

   3 căni ragù napolitan sau alt sos de rosii

1 cană pesmet simplu, uscat

4 felii de pâine italiană, coaja îndepărtată și tăiată în bucăți mici (aproximativ 2 căni)

½ cană lapte

2 kilograme de amestec de carne de vită, vițel și porc

4 oua mari, batute usor

2 catei de usturoi, tocati marunt

2 linguri de patrunjel proaspat cu frunze plate tocat marunt

½ cană stafide

½ cană nuci de pin

½ cană Pecorino Romano sau Parmigiano-Reggiano ras

1½ linguriță sare

¼ linguriță de nucșoară proaspăt măcinată

Piper negru proaspăt măcinat

¼ cană ulei de măsline

1. Pregătiți ragu sau sosul, dacă este necesar. Pune pesmetul într-un castron puțin adânc. Apoi înmuiați pâinea în lapte timp de 10 minute. Scurgeți pâinea și stoarceți excesul de lichid.

2. Într-un castron mare, combinați carnea, pâinea, ouăle, usturoiul, pătrunjelul, stafidele, nucile de pin, brânza, sarea, nucșoara și

piperul după gust. Folosind mâinile, amestecați bine toate ingredientele.

3.Clătiți-vă mâinile în apă rece pentru a preveni lipirea, apoi modelați ușor amestecul în bile de 2 inci. Ungeți ușor chiftelele în pesmet.

4.Încinge uleiul într-o tigaie mare și grea la foc mediu. Adăugați chiftelele și prăjiți până se rumenesc pe toate părțile, aproximativ 15 minute. (Întoarceți-le cu grijă cu clești.)

5.Pune chiftelele în sosul de carne sau sosul. Se fierbe până la fiert, aproximativ 30 de minute. Se serveste fierbinte.

Chifteluțe cu varză și roșii cherry

Tocană de Chifteluțe Cu Varză

Face 4 portii

Chiftele sunt unul dintre acele feluri de mâncare satisfăcătoare care se prepară aproape peste tot, cu siguranță în fiecare regiune a Italiei. Cu toate acestea, italienii nu servesc niciodată chiftele cu spaghete. Au impresia că greutatea cărnii ar putea copleși firele delicate de aluat. Mai mult, pastele sunt primul fel și orice fel de carne mai mare decât bocconcino este servit ca fel al doilea. În această rețetă friulano-venetică, chiftelele sunt servite cu varză fiartă lent. Este un fel de mâncare consistent de servit într-o noapte rece.

2 catei de usturoi, tocati marunt

2 linguri de ulei de măsline

1 varză mică, tăiată în bucăți

1½ cani de rosii intregi conservate, scurse, tocate

sare

Chiftele

1 cană de pâine italiană sau franceză ruptă fără crustă

½ cană lapte

Mandrină de vită măcinată de 1 kg

1 ou mare, batut

½ cană Parmigiano-Reggiano proaspăt ras

1 catel mare de usturoi, tocat

2 linguri de pătrunjel proaspăt cu frunze plate tocat

Sare şi piper negru proaspăt măcinat

¼ cană ulei de măsline

1. Intr-o oala mare caleste usturoiul in ulei de masline la foc mediu pana se rumeneste usor, aproximativ 2 minute. Se adauga varza si se amesteca bine. Adăugați roșiile și sare după gust. Acoperiți și gătiți la foc mic, amestecând din când în când, timp de 45 de minute.

2. Într-un castron mediu, combinați pâinea și laptele. Se lasa sa se odihneasca 10 minute, apoi se stoarce excesul de lapte.

3. Într-un castron mare, combinați carnea de vită, pâinea, oul, brânza, usturoiul, pătrunjelul, sare și piper după gust. Folosind mâinile, amestecați bine toate ingredientele.

4. Clătiți-vă mâinile în apă rece pentru a preveni lipirea, apoi modelați ușor amestecul de carne în bile de 2 inci. Încinge uleiul într-o tigaie mare și grea la foc mediu. Prăjiți chiftelele până devin aurii pe toate părțile. (Întoarceți-le cu grijă cu clești.) Transferați chiftelele pe o farfurie.

5. Daca este mult lichid in oala cu varza se lasa capacul pus si se lasa sa fiarba pana scade. Adăugați chiftelele și acoperiți-le cu varză. Gatiti inca 10 minute. Se serveste fierbinte.

Chiftele Bolognese

Chiftele Bolognese

Face 6 portii

Aceasta reteta este adaptarea mea dupa un preparat de la Trattoria Gigina din Bologna. Deși este la fel de acasă ca orice altă rețetă de chiftele, mortadela din amestecul de carne și smântâna din sosul de roșii o fac să pară puțin mai sofisticată.

Sos

1 ceapa mica, tocata marunt

1 morcov mediu, tocat mărunt

1 coastă mică de țelină fragedă, tocată mărunt

2 linguri de ulei de măsline

1½ cană piure de roșii

½ cană smântână groasă

Sare și piper negru proaspăt măcinat

Chiftele

1 kilogram de carne de vită macră

8 uncii de mortadela

½ cană Parmigiano-Reggiano proaspăt ras

2 ouă mari, bătute

½ cană pesmet simplu, uscat

1 linguriță cușer sau sare de mare

¼ linguriță nucșoară măcinată

Piper negru proaspăt măcinat

1. Preparați sosul: într-o oală mare sau într-o tigaie adâncă, gătiți ceapa, morcovul și țelina în ulei de măsline la foc mediu până când devin aurii și fragezi, aproximativ 10 minute. Adăugați roșia, smântâna, sare și piper după gust. Aduce la fierbere.

2. Pregătiți chiftelele: Puneți ingredientele pentru chifteluțe într-un castron mare. Folosind mâinile, amestecați bine toate ingredientele. Clătiți-vă mâinile în apă rece pentru a preveni lipirea, apoi modelați ușor amestecul în bile de 2 inci.

3. Transferați chiftelele în sosul care fierbe. Acoperiți și gătiți, întorcând chiftelele din când în când, până când sunt fierte, aproximativ 20 de minute. Se serveste fierbinte.

Chiftele cu Marsala

Chiftele cu Marsala

Face 4 portii

Prietenul meu Arthur Schwartz, o autoritate în bucătăria napolitană, mi-a descris această rețetă, care după el este foarte populară în Napoli.

1 cană de pâine italiană fără crustă, tăiată în bucăți mici

¼ cană de lapte

Aproximativ 1/2 cană făină universală

1 kg carne de vită măcinată rotundă

2 ouă mari, bătute

1/2 cană Parmigiano-Reggiano proaspăt ras

¼ cană șuncă tocată

2 linguri de pătrunjel proaspăt cu frunze plate tocat

Sare si piper proaspat macinat

3 linguri de unt nesarat

1½ pahar de Marsala uscată

½ cană de casă<u>ciorba de vacuta</u>sau bulion de vită cumpărat din magazin

1. Într-un castron mic, înmuiați pâinea în lapte timp de 10 minute. Stoarceți lichidul. Puneți făina într-un vas puțin adânc.

2. Într-un castron mare, puneți pâinea, carnea, ouăle, brânza, șunca, pătrunjelul, sare și piper. Folosind mâinile, amestecați bine toate ingredientele. Clătiți-vă mâinile în apă rece pentru a preveni lipirea, apoi modelați ușor amestecul în opt bile de 2 inci. Pasti bilele in faina.

3. Într-o tigaie suficient de mare încât să țină toate chiftelele, topim untul la foc mediu-mic. Adăugați chiftelele și gătiți, întorcându-le cu grijă cu cleștele, până se rumenesc, aproximativ 15 minute. Adăugați Marsala și bulionul. Gatiti pana scade lichidul si chiftelele sunt fierte, 4 pana la 5 minute. Se serveste fierbinte.

Old Naples Meatloaf

Friptură de la Santa Chiara

Face 4 până la 6 porții

Această rețetă presupune coacerea în cuptor, deși inițial pâinea a fost rumenită într-o tavă și apoi gătită cu puțin vin într-o tavă acoperită. Ouăle fierte tari din centru creează un efect de ochi de taur atunci când pâinea este feliată. Deși această rețetă necesită toată carnea de vită, un amestec de carne de vită măcinată funcționează bine.

2/3 cană de pâine italiană de o zi, fără crustă

1/3 cană lapte

1 kg carne de vită măcinată rotundă

2 ouă mari, bătute

Sare și piper negru proaspăt măcinat

4 uncii suncă neafumată, tocată

1/2 cană pecorino romano sau provolone tocat

4 linguri de pesmet simplu

2 ouă fierte tari

1. Așezați un grătar în centrul cuptorului. Preîncălziți cuptorul la 350 ° F. Ungeți cu ulei o tavă pătrată de 9 inci.

2. Înmuiați pâinea în lapte timp de 10 minute. Strângeți pâinea pentru a elimina excesul de lichid.

3. Într-un castron mare, amestecați carnea de vită, pâinea, ouăle, sare și piper după gust. Se amestecă șunca și brânza.

4. Pe o foaie mare de hârtie ceară, întindeți jumătate din pesmet pe o bucată de hârtie ceară. Întindeți jumătate din amestecul de carne pe hârtie într-un dreptunghi de 8 × 4 inci. Aranjați cele două ouă fierte tari pe rând în centru pe lungime. Puneți amestecul de carne rămas deasupra, presând carnea împreună pentru a forma o pâine îngrijită de aproximativ 8 inci lungime. Pune pâinea în tava pregătită. Presărați partea de sus și părțile laterale cu firimiturile rămase.

5. Coaceți pâinea timp de aproximativ 1 oră sau până când temperatura internă atinge 155 ° F pe un termometru cu citire instantanee. Se lasa la racit 10 minute inainte de a taia felii. Se serveste fierbinte.

Friptură cu vin roșu

Înăbușit în Barolo

Face 6 până la 8 porții

Bucătarii piemontezi gătesc bucăți mari de carne de vită în vinul Barolo din regiune, dar un alt vin roșu uscat ar funcționa bine, de asemenea.

3 linguri de ulei de măsline

1 carne de vită dezosată sau friptură rotundă (aproximativ 3½ kilograme)

2 uncii de bacon, tocat

1 ceapa medie, tocata

2 catei de usturoi, tocati marunt

1 pahar de vin roșu sec, de exemplu Barolo

2 căni de roșii decojite, fără semințe și tocate

2 cești de casă<u>ciorba de vacuta</u>sau bulion de vită cumpărat din magazin

2 morcovi, feliați

1 coastă de țelină, feliată

2 linguri de pătrunjel proaspăt cu frunze plate tocat

Sare și piper negru proaspăt măcinat

1. Într-un cuptor olandez mare sau în altă oală adâncă, grea, cu un capac etanș, încălziți uleiul la foc mediu. Adăugați carnea și rumeniți-o bine pe toate părțile, aproximativ 20 de minute. Asezonați cu sare și piper. Transferați pe o farfurie.

2. Aruncați toate, cu excepția a două linguri de grăsime. Adăugați slănina, ceapa și usturoiul în oală. Gatiti, amestecand des, pana se inmoaie, aproximativ 10 minute. Se adauga vinul si se aduce la fierbere.

3. Adăugați roșiile, bulionul, morcovii, țelina și pătrunjelul. Acoperiți cratita și aduceți lichidul la fierbere. Se fierbe, întorcând carnea din când în când, 2 1/2 până la 3 ore, sau până când se înmoaie când este străpunsă cu o furculiță.

4. Transferați carnea pe o farfurie. Acoperiți și păstrați la cald. Dacă lichidul din oală pare prea subțire, ridicați focul la mare și fierbeți până scade ușor. Gustați sosul și ajustați condimentele. Tăiați carnea felii și serviți fierbinte cu sos.

Prăjiți cu sos de ceapă și paste

Genovezii

Face 8 portii

Ceapa, morcovii, șunca și salamul sunt principalele ingrediente aromatizante ale acestei fripturi fragede. Este o veche reteta napolitana care, spre deosebire de majoritatea preparatelor din zona, nu contine rosii. Istoricii explică că cu secole în urmă marinarii care călătoreau între porturile Genova și Napoli au adus acasă cu ei acest fel de mâncare.

Genovese era o specialitate a bunicii mele, care servea sosul de ceapa pe mafalde, panglici lungi de paste cu margini ondulate, sau pe fusilli lungi. Carnea tăiată a fost apoi mâncată cu sosul rămas ca fel al doilea.

2 linguri de ulei de măsline

1 carne de vită dezosată sau friptură rotundă (aproximativ 3½ kilograme)

Sare și piper negru proaspăt măcinat

6 până la 8 cepe medii (aproximativ 3 lire sterline), tăiate subțiri

6 morcovi medii, feliați subțiri

2 uncii de salam genovez tăiat în fâșii subțiri

2 uncii șuncă italiană importată, tăiată în fâșii subțiri

1 kilogram de mafalde sau fusilli

Parmigiano-Reggiano sau Pecorino Romano proaspăt ras

1. Așezați un grătar în centrul cuptorului. Preîncălziți cuptorul la 180°C. Într-un cuptor olandez mare sau în altă oală adâncă, grea, cu un capac etanș, încălziți uleiul la foc mediu. Adăugați carnea și rumeniți bine pe toate părțile, aproximativ 20 de minute. Se presară cu sare și piper. Când carnea s-a rumenit complet, se transferă pe o farfurie și se scurge grăsimea din tigaie.

2. Turnați 1 cană de apă în oală și răzuiți fundul cu o lingură de lemn pentru a slăbi bucățile rumenite. Adăugați în oală ceapa, morcovii, salamul și șunca. Întoarceți friptura în oală. Acoperiți și aduceți lichidul la fierbere.

3. Transferați oala la cuptor. Gătiți, întorcând carnea din când în când, 2 1/2 până la 3 ore. sau până când este străpuns cu o furculiță până când este foarte fragedă.

4. Cu aproximativ 20 de minute înainte ca carnea să fie gătită, aduceți o oală mare cu apă la fiert. Adăugați 2 linguri de sare,

apoi pastele, împingând-o uşor până se acoperă complet cu apă. Gatiti pana al dente, doar fragezi, dar fermi la muscatura.

5. Când aţi terminat, transferaţi carnea pe o farfurie. Acoperiţi şi păstraţi la cald. Lăsaţi sosul să se răcească puţin. Faceţi piure conţinutul tigaii trecându-l printr-o moară sau amestecându-l într-un robot de bucătărie sau blender. Gustaţi şi ajustaţi condimentele. Întoarceţi sosul în oala cu carnea. Reîncălziţi uşor.

6. Serveşte puţin sos peste paste. Se presară cu brânză. Reîncălziţi sosul şi carnea dacă este necesar. Felaţi carnea şi serviţi-o ca fel al doilea cu sosul rămas.

Ruladă de vită umplută siciliană

Farsumagru

Face 6 portii

Farsumagru, în dialectul sicilian, sau famagro, în limba italiană standard, înseamnă „fals subțire". Numele este probabil o referire la umplutura bogată conținută în felia subțire de carne. Există multe variante ale acestui fel de mâncare. Unii bucătari folosesc o felie de vițel în loc de carne de vită pentru rulada de afară și vițel măcinat sau carne de vită în umplutură în loc de cârnați de porc. Uneori se folosește șuncă, salam sau slănină în loc de șuncă. Alți bucătari adaugă legume, cum ar fi cartofi sau mazăre, în sosul care fierbe.

Cel mai greu lucru la această rețetă este să obțineți o singură felie de carne de vită de aproximativ 8 × 6 × 1/2 inci, care poate fi tăiată până la 1/4 inch grosime. Cere-ți măcelarul să-l taie pentru tine.

12 uncii cârnați de porc italian simplu, fără înveliș

1 ou bătut

1/2 cană Pecorino Romano proaspăt ras

1/4 cană pesmet fin, uscat

2 linguri de pătrunjel proaspăt cu frunze plate tocat

1 catel de usturoi, tocat marunt

Sare și piper negru proaspăt măcinat

Friptură rotundă de vită dezosată de 1 kilogram 1/2 inch grosime

2 uncii șuncă italiană de import feliată subțire

2 oua fierte tari, curatate de coaja

3 linguri de ulei de măsline

1 ceapa, tocata marunt

1½ pahar de vin alb sec

1 conserve (28 uncii) de roșii mărunțite

1 cană de apă

1. Într-un castron mare, amestecați împreună carnea de porc, oul, brânza, pesmetul, pătrunjelul, usturoiul, sare și piper după gust.

2. Asezati o bucata mare de folie alimentara pe o suprafata plana si asezati carnea deasupra. Așezați oa doua foaie de plastic peste carne și tamponați ușor pentru a aplatiza carnea la aproximativ 1/4 inch grosime.

3. Scoateți folia de plastic de sus. Aranjați feliile de șuncă deasupra cărnii. Întindeți amestecul de carne peste șuncă, lăsând un chenar de jumătate de centimetru de jur împrejur. Aranjați ouăle fierte tari într-un rând de-a lungul unei părți lungi a cărnii. Îndoiți carnea pe lungime peste ouă și umplutură și rulați ca o rolă de jeleu, folosind foaia de jos de folie de plastic. Cu sfoară de bucătărie din bumbac, legați rulada la intervale de 1 inch, ca o friptură.

4. Încinge uleiul la foc mediu într-un cuptor olandez mare sau într-o altă oală adâncă, grea, cu un capac etanș. Adauga rulada de vita si se rumeneste bine pe o parte, aproximativ 10 minute. Întoarceți carnea cu clește și împrăștiați ceapa de jur împrejur. Rumeniți carnea pe cealaltă parte, aproximativ 10 minute.

5. Se adauga vinul si se aduce la fierbere. Adăugați roșiile decojite și apa. Acoperiți tigaia și gătiți, întorcând carnea din când în când, timp de aproximativ 1 1/2 oră, sau până când carnea este fragedă când este străpunsă cu o furculiță.

6. Transferați carnea pe o farfurie. Lasam carnea sa se raceasca 10 minute. Scoateți firele și tăiați rulada în felii de jumătate de centimetru. Aranjați feliile pe o farfurie caldă. Reîncălziți sosul dacă este necesar. Se toarnă sosul peste carne și se servește.

File Prăjit Cu Sos De Măsline

File cu măsline

Face 8 până la 10 porții

Un file fraged prăjit este potrivit pentru o cină elegantă. Serviți cald sau la temperatura camerei cu un sos de măsline delicios sau un înlocuitor<u>Sos de rosii uscate</u>. Nu gătiți niciodată această bucată de carne peste medie-rară sau va fi uscată.

<u>Sos de măsline</u>

3 linguri de ulei de măsline

2 linguri de otet balsamic

1 lingurita de sare

Piper negru proaspăt măcinat

1 mușchi de vită, tăiat și legat (aproximativ 4 lire)

1 lingura rozmarin proaspat tocat

1. Pregătiți sosul, dacă este necesar. Se amestecă uleiul, oțetul, sarea și piperul măcinat generos. Puneți carnea într-o tigaie mare și turnați marinata, răsturnând carnea pentru a o acoperi

pe toate părțile. Acoperiți tava cu folie de aluminiu și marinați 1 oră la temperatura camerei sau până la 24 de ore la frigider.

2. Așezați un grătar în centrul cuptorului. Preîncălziți cuptorul la 425°F. Prăjiți carnea timp de 30 de minute sau până când temperatura în partea cea mai groasă atinge 125 ° F pentru o coacere medie-rară pe un termometru cu citire instantanee. Transferați friptura din cuptor pe un platou.

3. Lăsați să se odihnească 15 minute înainte de a tăia. Tăiați carnea în felii de jumătate de centimetru și serviți fierbinte sau la temperatura camerei cu sosul.

Carne fierte amestecate

Carne Fiertă Mixtă

Face 8 până la 10 porții

Bollito misto, care înseamnă „carne fiartă amestecată", este o combinație de carne și legume gătite împreună încet într-un lichid clocotit. În nordul Italiei, pastele se adaugă în bulion pentru a face un prim fel. Carnea este feliată și apoi servită cu o varietate de sosuri. Bollito misto este foarte festiv și face o cină impresionantă pentru o mulțime.

Fiecare regiune are propriul mod de a face față. Piemontezii insistă ca acesta să fie preparat cu șapte tipuri de carne și servit cu un sos de roșii și ardei. Sosul verde este probabil cel mai tradițional, în timp ce în Emilia-Romagna și Lombardia mostarda este tipică, adică fructele conservate în sirop de muștar dulce. Muștarul poate fi achiziționat de la multe piețe italiene și magazine gastronomice.

Deși amestecul de carne fiartă nu este dificil de preparat, necesită o gătire lungă. Lăsați aproximativ patru ore din momentul în care aprindeți focul. După ce toate cărnurile sunt gătite, pot fi ținute calde în oală încă o oră. Pentru a găti cotechino sau alt cârnați mare ai nevoie de o tigaie separată, pentru că grăsimea pe care o eliberează ar face bulionul gras.

Pe lângă sosuri, îmi place să servesc și carne cu legume fierte la abur, precum morcovi, dovlecei și cartofi.

1 roșie mare coaptă, tăiată în jumătate și fără semințe

4 crengute de patrunjel cu tulpina

2 coaste de telina cu frunze, tocate grosier

2 morcovi mari, tocați grosier

1 ceapa mare, tocata grosier

1 catel de usturoi

1 friptură de vită dezosată, aproximativ 1,3 kg

sare

<u>Sos verdeSAUArdei roșu și sos de roșii</u>

1 umăr de vițel dezosat rulat și legat, aproximativ 3 kg

1 cotechino sau alt cârnați mare de usturoi, aproximativ jumătate de kilogram

1 pui întreg, aproximativ 3½ lbs

1. Într-o oală de 5 galoane sau două oale mai mici de aceeași capacitate, combinați legumele și 3 litri de apă. Se aduce la fierbere la foc mediu.

2. Adăugați carnea de vită și 2 lingurițe de sare. Gatiti 1 ora dupa ce lichidul revine la fierbere. Între timp, pregătiți sosul, dacă este necesar.

3. Adăugați carne de vițel în oală; după ce lichidul revine la fierbere, gătiți 1 oră. Dacă este necesar, adăugați mai multă apă pentru ca carnea să rămână acoperită.

4. Într-o cratiță separată, combinați cotechino cu apa pentru a acoperi 1 inch. Acoperiți și aduceți la fierbere. Gatiti 1 ora.

5. Adăugați puiul în oala cu carnea de vițel și vită. Aduceți la fiert și gătiți, întorcând puiul o dată sau de două ori, timp de 1 oră sau până când toate cărnurile sunt fragede când sunt străpunse cu o furculiță.

6. Folosind o lingură mare, îndepărtați grăsimea de pe suprafața bulionului. Gustați și ajustați sarea. (Dacă serviți bulionul ca prim fel, filtrați o parte din bulion într-o oală, lăsând carnea cu bulionul rămas în oală să stea caldă. Aduceți bulionul la fiert și gătiți pastele. Serviți fierbinte cu Parmigiano ras. -Reggiano.)

7. Pregătiți o farfurie mare încălzită. Tăiați carnea felii și aranjați-le pe farfurie. Stropiți cu puțin bulion. Serviți imediat carnea feliată cu sosurile preferate.

calamari venețieni

calamari venețieni

Face 4 portii

In Venetia asta se face cu sepie, sepie si cerneala ei. Deoarece sepiele sunt greu de găsit, calmarul (calamarul) este un bun înlocuitor. Majoritatea calmarilor de aici sunt vânduți fără punga de cerneală, deși multe piețe de pește vând calmari sau cerneală de calmar în pungi mici de plastic. Dacă este disponibil, adăugați puțină cerneală la ingredientele sosului pentru o culoare și o aromă bogate și bogate. În Veneția se servește adesea pește<u>Mămăligă</u>făcută cu mălai albă în loc de galbenă.

¼ ulei de măsline

¼ cană ceapă tocată mărunt

2 catei intregi de usturoi

2 kilograme de calamari (calamari), curatati si taiati rondele

2 roșii medii, curățate de coajă, fără semințe și tocate, sau 1 cană de roșii din conserva mărunțite

1½ pahar de vin alb sec

Sare și piper negru proaspăt măcinat

1. Turnați uleiul într-o tigaie mare și grea. Se adauga ceapa si usturoiul si se calesc la foc mediu, amestecand des, pana ce ceapa devine aurie, aproximativ 10 minute. Aruncați usturoiul.

2. Adauga calamarii, rosiile, vinul, sare si piper dupa gust. Aduceți la fiert și gătiți până când sosul se îngroașă și calamarii sunt fragezi, aproximativ 30 de minute. Se serveste fierbinte.

Calamari cu anghinare si vin alb

Calamari si anghinare

Face 4 portii

Dulceața anghinării se potrivește cu aroma unor rețete clasice de fructe de mare din Liguria. Dacă nu vrei să te obosiți să curățați anghinarea proaspătă, le puteți înlocui cu un pachet de inimioare de anghinare congelate.

1 1/2 kilograme de calamari curățați (calamari)

4 anghinare medii

1 catel de usturoi, tocat marunt

2 linguri de pătrunjel proaspăt cu frunze plate tocat

1/4 cană ulei de măsline

1 pahar de vin alb sec

Sare și piper negru proaspăt măcinat

1. Clătiți bine calmarul pe dinăuntru și pe dinafară. Scurgeți bine. Tăiați corpurile transversal în inele de 1/2 inch. Tăiați tentaculele în jumătate prin bază. Uscat.

2.Curățați anghinarea, îndepărtând capătul tulpinii și toate frunzele exterioare până ajungeți la conul central verde deschis. Cu un cuțit, îndepărtați orice pete de culoare verde închis de pe bază. Tăiați anghinarea în jumătate și răzuiți partea interioară păroasă. Tăiați fiecare jumătate în felii subțiri.

3.Puneti usturoiul, patrunjelul si uleiul intr-o tigaie mare la foc mediu. Gatiti pana usturoiul devine auriu, aproximativ 1 minut. Adauga calamarii si asezoneaza cu sare. Se adauga vinul si se aduce la fiert la foc mic. Acoperiți și gătiți 20 de minute.

4.Adăugați anghinarea și 2 linguri de apă. Gatiti 30 de minute sau pana se inmoaie. Se serveste fierbinte.

Calamar umplut la gratar

Calamar umplut

Face 4 portii

Calamarul este perfect pentru umplut, dar cumpărați calmar mare, altfel treaba va fi plictisitoare. Nu umpleți cavitățile corpului mai mult de jumătate. Ele se micșorează semnificativ în timpul gătirii, așa că dacă sunt umplute în exces, umplutura se poate scurge. Această rețetă provine din Puglia, în sudul Italiei.

8 până la 12 calamari mari (calamari), de aproximativ 6 până la 8 inci lungime, curățați

1 cană pesmet simplu, uscat

¼ cană ulei de măsline

2 linguri Pecorino Romano sau Parmigiano-Reggiano ras

1 catel de usturoi, tocat marunt

1 lingură pătrunjel proaspăt cu frunze plate tocat

Sare și piper negru proaspăt măcinat

1 lămâie, tăiată felii

1. Faceți o mică fantă în capătul ascuțit al fiecărui calamar. Clătiți bine, permițând apei să curgă prin punga pentru corp. Scurgeți și uscați.

2. Amestecați pesmetul, uleiul, brânza, usturoiul, pătrunjelul, sare și piper după gust. Pune deoparte 1/4 cană din amestec. Umpleți restul amestecului în calmar, umplându-i doar pe jumătate. Introduceți tentaculele în sacul corpului și fixați-le cu bețișoare de lemn. Treceți calmarul în amestecul de pesmet rămas.

3. Puneți un grătar sau grătar la aproximativ 5 inci de sursa de căldură. Preîncălziți grătarul sau broilerul.

4. Calamarii la gratar sau coaceti pana cand corpurile sunt opace si se rumenesc usor, aproximativ 2 minute pe fiecare parte. Transferați pe un platou de servire și serviți fierbinți cu felii de lămâie.

Calamari Umpluti Cu Masline Si Capere

Calamar umplut

Face 4 portii

Calamarii (calamarii) se intareste rapid cand sunt reincalziti, dar devin fragezi daca sunt gatiti in lichid timp de cel putin 30 de minute. Pentru cea mai bună textură, gătiți calamarii rapid, prăjindu-i la grătar sau prăjiți-i sau fierbeți-i încet până se înmoaie, ca în această rețetă.

2 1/2 kilograme de calmari mari curați (calamari), aproximativ 6-8 inci lungime

2 linguri de ulei de măsline

1 catel de usturoi, tocat marunt

½ cană pesmet simplu

2 linguri de pătrunjel proaspăt cu frunze plate tocat

2 linguri masline Gaeta sau alte masline negre dulci tocate

2 linguri capere tocate, clătite și scurse

½ linguriță oregano uscat, mărunțit

Sare și piper negru proaspăt măcinat

Sos

¼ cană ulei de măsline

1½ pahar de vin roșu sec

2 cani de rosii decojite din conserva tocate cu sucul lor

1 cățel mare de usturoi, ușor zdrobit

Un praf de ardei iute tocat

sare

1. Faceți o mică fantă în capătul ascuțit al fiecărui calamar. Clătiți bine, permițând apei să curgă prin punga pentru corp. Scurgeți și uscați. Separați corpurile de tentacule cu un cuțit. Pune corpurile deoparte. Tăiați tentaculele cu un cuțit mare sau într-un robot de bucătărie.

2. Turnați cele 2 linguri de ulei într-o tigaie medie. Adăugați usturoiul. Gatiti la foc mediu pana cand usturoiul incepe sa devina auriu, aproximativ 1 minut. Încorporați tentaculele. Gatiti, amestecand, timp de 2 minute. Se adauga pesmetul, patrunjelul, maslinele, caperele si oregano. Se adauga sare si piper dupa gust. Se ia de pe foc si se lasa la racit.

3. Cu ajutorul unei linguriţe, turnaţi amestecul de pesmet în corpurile calmarului, umplându-le doar pe jumătate. Asiguraţi calmarul cu scobitori de lemn.

4. Alegeţi o tigaie suficient de mare pentru a încăpea toţi calamarii într-un singur strat. Se toarnă 1/4 cană de ulei şi se încălzeşte la foc mediu. Adăugaţi calamarii şi gătiţi, întorcându-i cu cleştele, până când sunt doar opace, aproximativ 2 minute pe parte.

5. Se adauga vinul si se aduce la fierbere. Adăugaţi roşiile, usturoiul, ardeiul iute tocat şi sare după gust. Aduce la fierbere. Acoperiţi parţial tigaia şi gătiţi, întorcând din când în când calamarii, până când sunt foarte fragezi, 50 până la 60 de minute. Adăugaţi puţină apă dacă sosul este prea gros. Se serveste fierbinte.

Calamari umpluti in stil roman

Calamari umpluti in stil roman

Face 4 portii

Când am studiat limba italiană la Roma în urmă cu mulți ani, deseori luam prânzul la o trattorie de familie, lângă școală. În fiecare zi, locul se umplea de muncitori din magazinele din apropiere și din clădirile de birouri care umpleau sala de mese strigând pentru felurile de mâncare pe care le serveau acasă. Meniul era limitat, dar era ieftin și foarte bun. Aceasta este interpretarea mea despre calamarii lor umpluți.

11/2 kilograme de calmari mari curățați (calamari), de aproximativ 6-8 inci lungime

1 cană pesmet simplu, uscat

3 catei de usturoi, tocati marunt

2 linguri de patrunjel proaspat cu frunze plate tocat marunt

Sare și piper negru proaspăt măcinat

5 linguri de ulei de măsline

1 ceapa mare, tocata marunt

2 căni de roșii decojite, fără semințe și tocate

1½ pahar de vin alb sec

1. Faceți o mică fantă în capătul ascuțit al fiecărui calamar. Clătiți bine, permițând apei să curgă prin punga pentru corp. Scurgeți și uscați. Tăiați mărunt tentaculele.

2. Într-un castron, combinați tentaculele, pesmetul, usturoiul, pătrunjelul, sare și piper după gust. Adăugați 2 până la 3 linguri de ulei de măsline sau suficient pentru a umezi amestecul. Cu o linguriță, turnați amestecul de pesmet în calmar, umplându-i doar pe jumătate. Asigurați calmarul cu scobitori de lemn.

3. Turnați restul de 3 linguri de ulei într-o tigaie mare. Adăugați ceapa. Gatiti la foc mediu, amestecand des, pana se inmoaie, aproximativ 10 minute. Adaugati rosiile, vinul, sare si piper dupa gust. Se aduce la fierbere, apoi se reduce focul la mic. Adăugați calamarii. Acoperiți și gătiți, amestecând ocazional, 50 până la 60 de minute sau până când calamarii sunt fragezi când sunt străpunși cu o furculiță. Se serveste fierbinte.

Caracatita la gratar cu fenicul si portocala Mauro

Salată de caracatiță

Face 4 portii

Salata de fenicul și portocale este un preparat clasic sicilian. În această rețetă creativă a prietenului meu Chef Mauro Mafrici, salata răcoritoare este acoperită cu caracatiță crocantă la grătar. Asigurați-vă că feliați feniculul cât mai subțire posibil, cu un cuțit ascuțit, mandolină sau cu lama foarte subțire a unui robot de bucătărie.

Caracatițele pot părea intimidantă, dar necesită puțin efort pentru a se pregăti. Când sunt gătite corespunzător, au o aromă blândă și plăcut de mestecat. Caracatița este de obicei vândută în departamentele de pește ale supermarketurilor sau în piețele de pește congelată sau decongelată. Dacă este cumpărat congelat, dezghețați-l într-un vas cu apă rece, schimbând apa de mai multe ori. Această rețetă este de obicei făcută cu pui de caracatiță cântărind aproximativ 6 uncii fiecare. Dacă caracatițe mici nu sunt disponibile, le puteți înlocui cu o caracatiță mare.

4 până la 8 pui de caracatiță, aproximativ 6 uncii fiecare, sau 1 caracatiță mare, aproximativ 2 1/2 lire sterline

5 linguri de ulei de măsline extravirgin

1 catel de usturoi, tocat marunt

2 linguri de patrunjel cu frunze plate tocat grosier

Sare şi piper negru proaspăt măcinat

1 bulb mediu de fenicul

1 lingura suc de lamaie proaspat stors, sau dupa gust

2 sau 3 portocale buric, decojite şi tăiate felii

1 cană măsline negre blânde, cum ar fi Gaeta

1. Verificați baza caracatiței pentru a vedea dacă ciocul dur şi rotund a fost îndepărtat. Strângeți-l dacă este necesar. Aduceți o oală mare cu apă la fiert. Adăugați caracatița şi fierbeți până când se înmoaie când este străpuns cu un cuțit, 30 până la 60 de minute. Clătiți şi uscați caracatița. Tăiați caracatița mare în bucăți de 3 inci.

2. Intr-un castron combina caracatita cu 3 linguri de ulei, usturoiul, patrunjelul si un praf de sare si piper. Se lasă la marinat 1 oră până peste noapte la frigider

3. Tăiați baza feniculului și îndepărtați eventualele vânătăi. Scoateți tulpinile verzi, rezervând frunzele verzi, dacă există, pentru decor. Tăiați feniculul în sferturi pe lungime și îndepărtați miezul. Tăiați sferturile transversal în felii foarte subțiri. Ar trebui să bei aproximativ 3 căni.

4. Într-un castron mediu, amestecați restul de 2 linguri de ulei, sucul de lămâie și sare după gust. Adăugați feniculul, segmentele de portocală, măslinele și frunzele de fenicul, dacă sunt disponibile, și amestecați ușor.

5. Puneți un grătar sau un broiler la aproximativ 4 inci de căldură. Preîncălziți grătarul sau broilerul. Când este gata, grătar sau coace caracatița, întorcându-le o dată, până când devine maro auriu și crocantă, aproximativ 3 minute pe parte.

6. Aranjați salata de fenicul pe patru farfurii și acoperiți cu caracatiță. Serviți imediat.

Caracatiță înăbușită cu roșii

Caracatiță în sos de roșii

Face 4

Pe vremuri, pescarii obișnuiau să lovească caracatițele proaspăt prinse de stânci pentru a le frageda. Dar astăzi congelarea și dezghețarea lor ajută la descompunerea fibrelor rezistente. Gatindle incet in apa, metoda napolitana, garanteaza ca sunt fragede. Serviți cu multă pâine bună pentru a absorbi sosul.

4 până la 8 pui de caracatiță, aproximativ 6 uncii fiecare, sau 1 caracatiță mare, aproximativ 2 1/2 lire sterline

¼ cană ulei de măsline

2 cani de rosii decojite din conserva tocate cu sucul lor

4 linguri de pătrunjel proaspăt cu frunze plate tocat

2 catei mari de usturoi, tocati marunt

Un praf de ardei iute tocat

sare

1. Verificați baza caracatiței pentru a vedea dacă ciocul dur și rotund a fost îndepărtat. Strângeți-l dacă este necesar. Aduceți o oală mare cu apă la fiert. Adăugați caracatița și fierbeți până când se înmoaie când este străpuns cu un cuțit, 30 până la 60 de minute. Scurgeți și uscați caracatița, rezervând puțin lichidul de gătit. Tăiați caracatița mare în bucăți mici.

2. Într-o oală mare și grea, încălziți uleiul la foc mediu. Adaugam caracatita, rosiile, 3 linguri de patrunjel, usturoiul, ardeiul iute si sare dupa gust. Se amestecă pentru a combina. Aduceți sosul la fiert. Acoperiți tigaia și gătiți la foc foarte mic, amestecând din când în când, timp de 30 de minute. Dacă sosul se usucă prea mult, adăugați puțin din lichidul rezervat.

3. Acoperiți și gătiți încă 15 minute sau până când sosul este gros. Se serveste fierbinte.

Salată de coajă

Salata Scungilli

Face 4 portii

În Ajunul Crăciunului, masa familiei mele a fost mereu pregătită cu o varietate de pește și fructe de mare, servite în salate, coapte, umplute, sose și prăjite. Preferata tatălui meu a fost această salată făcută cu conchiglia sau bucătă, tipuri asemănătoare de melci de mare, deși am numit-o mereu cu numele în dialectul napolitan de scungilli.

Țelina crocantă se potrivește bine cu fructele de mare ușor mestecate, deși puteți înlocui feniculul proaspăt.

1 kilogram de carne proaspătă sau congelată de conc sau de cauciuc (scungilli)

sare

⅓ cană ulei de măsline extravirgin

2 coaste fragede de țelină

2 linguri de pătrunjel proaspăt cu frunze plate tocat

1 catel de usturoi, tocat marunt

Un praf de ardei iute tocat

2 sau 3 linguri de suc proaspăt de lămâie

Radicchio sau frunze de salată verde

1. Dacă folosiți conca proaspătă, treceți la pasul 2. Dacă conca este înghețată, puneți-o într-un vas cu apă rece pentru a o acoperi. Pune vasul la frigider pentru cel puțin 3 ore până peste noapte, schimbând apa din când în când.

2. Aduceți o oală medie cu apă la fiert. Adăugați coaja și 1 linguriță de sare. Când apa revine la fierbere, gătiți conca până când se înmoaie când este străpunsă cu o furculiță, aproximativ 20 de minute. Scurgeți și uscați.

3. Începeți să tăiați conca în felii de 1/4 inch. Când ajungeți la un tub întunecat umplut cu material spongios, trageți sau tăiați-l și aruncați-l, deoarece poate fi granulat. Există un alt tub pe exteriorul corpului care nu trebuie îndepărtat. Clătiți bine feliile și uscați-le.

4. Într-un castron mediu, combinați țelina, pătrunjelul, usturoiul, ardeiul iute, 2 linguri de suc de lămâie și un praf de sare. Se

adaugă conca și se gustă pentru condiment, adăugând zeama de lămâie rămasă dacă este necesar.

5.Se da la rece pana la 1 ora sau se serveste imediat pe un pat de radicchio sau frunze de salata verde.

Conch în sos picant

Scungilli in sos picant

Face 6 până la 8 porții

Când eram copil, familia mea conducea de la casa noastră din Brooklyn la Little Italy din centrul Manhattanului pentru a mânca fructe de mare. Tatăl și unchii mei comandau acest fel de mâncare, cerându-i chelnerului să-l facă foarte picant. Fructele de mare și sosul au fost întinse pe freselle, biscuiți tari aromați cu mult piper negru, ceea ce a făcut felul de mâncare și mai picant. În schimb, sora mea, verii și cu mine am împărțit o farfurie cu pește prăjit sau scoici umplute, fără să ne imaginăm niciodată că ne vom bucura într-o zi de o astfel de mâncare picant.

Conca proaspătă sau bucată (cunoscută în italiană ca scungilli) nu este ușor de găsit în zona mea, așa că folosesc parțial pre-gătite și congelate. Este disponibil în majoritatea piețelor de pește. Folosesc si paine prajita. Dar dacă doriți, puteți găsi freselle în multe brutării italiene. Rupeți-le în bucăți cu mâinile și udați-le cu apă pentru a le înmuia ușor.

2 kilograme de carne proaspătă sau congelată parțial gătită de conc sau de cauciuc (scungilli)

⅓ cană ulei de măsline

2 catei mari de usturoi, tocati marunt

Un praf de ardei iute tocat, sau dupa gust

2 conserve de rosii decojite, tocate

1 pahar de vin alb sec

sare

2 linguri de pătrunjel proaspăt cu frunze plate tocat

Felii de pâine italiană, prăjite

1. Dacă folosiți conca proaspătă, treceți la pasul 2. Dacă conca este înghețată, puneți-o într-un vas cu apă rece pentru a o acoperi. Pune vasul la frigider pentru câteva ore sau peste noapte, schimbând apa din când în când.

2. Începeți să tăiați conca în felii de 1/4 inch. Când ajungeți la un tub întunecat umplut cu material spongios, trageți sau tăiați-l și aruncați-l, deoarece poate fi granulat. Există un alt tub pe exteriorul corpului care nu trebuie îndepărtat. Clătiți bine feliile și uscați-le.

3.Se toarnă uleiul într-o oală mare. Adăugați usturoiul și ardeiul iute tocat. Gatiti la foc mediu pana usturoiul devine auriu, aproximativ 2 minute. Se adauga rosiile si sucul lor, vinul si sarea dupa gust. Aduce la fierbere. Gatiti 15 minute la foc mic, amestecand din cand in cand.

4.Adăugați coaja și aduceți la fierbere. Gatiti, amestecand din cand in cand, pana cand coaja este frageda si sosul se ingroasa, aproximativ 30 de minute. Dacă sosul este prea gros, adăugați puțină apă. Gustați pentru condimentare, adăugând mai mult piper, dacă doriți. Se amestecă pătrunjelul.

5.Aranjați felii de pâine italiană prăjită în fundul a 4 boluri cu paste. Se toarnă peste coajă și se servește imediat.

AMESTEC DE FRUCCE DE MARE

Couscous cu fructe de mare

cuscus

Face 4 până la 6 porții

Cușcușul datează cel puțin din secolul al IX-lea în Sicilia, când arabii conduceau partea de vest a insulei. A fost făcut cândva prin rularea manuală a grisului în pelete minuscule, dar acum este disponibil pre-gătit (instantaneu) la orice magazin alimentar. În orașul de pe litoral Trapani, cușcușul se prepară cu carne, pește sau legume. Aceasta este versiunea mea a cușcușului cu fructe de mare pe care l-am gustat în timp ce vizitam acea zonă.

De obicei, cel mai bine este să folosiți bulion de pește cu mâncăruri de pește, dar puteți folosi și bulion de pui într-un praf; Făcut în casă este întotdeauna de preferat.

2 căni de pește sau Supa de pui

2 căni de apă

½ cană cușcuș instant

sare

¼ cană ulei de măsline

1 ceapa mare, tocata

2 catei de usturoi, tocati foarte marunt

1 frunză de dafin

2 rosii mari, curatate de coaja, fara samburi si tocate, sau 2 cani de rosii din conserva tocate cu suc

4 linguri de pătrunjel proaspăt cu frunze plate tocat

Un praf de scortisoara macinata

Un praf de cuişoare măcinate

Un praf de nucsoara proaspat macinata

Un praf de fire de sofran, maruntit

Un praf de piper cayenne macinat

Sare şi piper negru proaspăt măcinat

2 kg de fileuri sau fripturi de peşte asortat cu pulpă tare, cum ar fi peşte-spadă, halibut, monkfish sau biban de mare şi crustacee

1. Aduceți bulionul şi apa la fiert. Puneți cuşcuşul într-un bol termorezistent şi adăugați 3 căni de lichid şi sare după gust. Puneți lichidul rămas deoparte. Acoperiți cuşcuşul şi lăsați să

stea până când lichidul se absoarbe, aproximativ 10 minute. Pufează cușcușul cu o furculiță.

2. Turnați uleiul într-o oală suficient de mare pentru a ține peștele într-un singur strat. Adăugați ceapa și usturoiul. Gatiti la foc mediu-mic, amestecand des, pana se inmoaie, aproximativ 10 minute. Adăugați frunza de dafin și gătiți încă 1 minut. Adăugați roșiile, 2 linguri de pătrunjel, scorțișoară, cuișoare, nucșoară, șofran și cayenne. Gatiti 5 minute. Adăugați 2 căni de apă și sare și piper după gust. Aduce la fierbere.

3. Între timp, îndepărtați pielea și oasele de pește. Tăiați peștele în bucăți de 2 inci.

4. Adăugați peștele în oală. Acoperiți și gătiți 5 până la 10 minute sau până când peștele este doar opac în partea cea mai groasă. Folosind o lingură cu fantă, transferați peștele într-o farfurie caldă. Acoperiți și păstrați la cald.

5. Adăugați cușcușul în oală. Acoperiți și gătiți 5 minute sau până când se încinge. Gustați și ajustați condimentele. Dacă cușcușul pare uscat, adăugați puțin bulion rezervat.

6. Turnați cușcușul pe o farfurie adâncă de servire. Acoperiți cu pește. Se presară cu pătrunjelul rămas și se servește imediat.

Mix de peste prajit

Excelent amestec de pește prăjit

Face 4 până la 6 porții

Un strat subțire de făină este tot ce aveți nevoie pentru a crea o crustă ușoară pe peștele mic sau bucăți de calamari (calamari). Puteți folosi această metodă pentru un tip de pește sau fructe de mare, cum ar fi calamari, sau puteți utiliza mai multe soiuri.

4 uncii calamari curățați (calamari)

1 kilogram de pește proaspăt foarte mic, cum ar fi momeală, hamsii proaspete (nu conservate) sau sardine, curățate

4 uncii de creveți mici, decojiți și îndepărtați

1 cană de făină universală

1 lingurita de sare

Ulei vegetal pentru prajit

1 lămâie, tăiată felii

1. Clătiți calmarii și scurgeți-i bine. Tăiați corpurile în inele de 1/2 inch. Dacă sunt mari, tăiați fiecare set de tentacule în jumătate

prin bază. Îndepărtarea capului de pește mic întreg, cum ar fi hamsii sau sardine, este opțională. Whitebait ar trebui să fie întotdeauna lăsat întreg. Clătiți bine peștele în interior și în exterior. Uscat.

2. Se amestecă făina și sarea pe o bucată de hârtie ceară, apoi se întinde.

3. Tapetați o tavă cu prosoape de hârtie. Într-o oală adâncă și grea, turnați suficient ulei pentru a ajunge la o adâncime de 2 inci sau, dacă utilizați o friteuză electrică, urmați instrucțiunile producătorului. Încălziți uleiul la 350 ° F pe un termometru pentru prăjire sau până când o bucată de pâine de 1 inch scufundată în ulei sfârâie și devine maro auriu în 1 minut.

4. Înmuiați o mână de pește și crustacee în amestecul de făină. Ștergeți excesul. Folosind clești, glisați cu grijă peștele în uleiul fierbinte. Nu aglomerați tigaia. Se prăjește până devine crocant și ușor rumenit, aproximativ 2 minute.

5. Folosind o lingura cu fanta, transferati pestele pe hartie absorbanta pentru a se scurge. Păstrați cald într-un cuptor mic. Gătiți fructele de mare rămase în același mod. Se serveste fierbinte cu felii de lamaie.

Tocană de pește în stil molise

Supa de peste marinara

Face 6 portii

Tocanita de peste Molise se deosebeste de cea din alte regiuni prin prezenta unei cantitati mari de ardei verzi dulci. Folosiți ardei lungi prăjiți în stil italian sau ardei verzi. Ideal ar fi să-l faci cu o varietate cât mai mare de pește, dar eu l-am făcut doar cu calamari (calamar) și monkfish și a fost foarte bun. Bucătarii din Molise ar putea folosi homari, caracatiță și pește scorpion sau alte soiuri cu carne fermă.

¼ cană ulei de măsline

1½ kilograme ardei prăjiți italieni, fără semințe și tocați

1 ceapa, tocata

sare

2 linguri otet de vin rosu

½ kilogram de calamari (calamari), tăiați în inele

1 kilogram de fripturi sau file de pește alb tai, tăiate în bucăți de 2 inci

½ lira de creveți medii, decojiți, decojiți și tăiați în bucăți de 1/2 inch

2 linguri de pătrunjel proaspăt cu frunze plate tocat

6 până la 12 felii de pâine italiană, prăjită

Ulei de măsline extra virgin

1. Într-o oală mare, încălziți uleiul la foc mediu. Se amestecă ardeii, ceapa și sare după gust. Acoperiți și reduceți căldura la minim. Gatiti, amestecand din cand in cand, pana se inmoaie, aproximativ 40 de minute. Se ia de pe foc si se lasa la racit.

2. Răzuiți conținutul tigaii într-un robot de bucătărie sau blender. Procesați până la omogenizare. Adăugați oțetul și sarea după gust și bateți din nou scurt pentru a se combina.

3. Răzuiți amestecul de ardei și ceapă în cratiță. Adăugați 1 până la 2 căni de apă sau suficientă pentru a face lichidul gros ca o smântână groasă. Se aduce la fierbere la foc mediu-mic. Adăugați calamarii și gătiți până când se înmoaie când sunt străpunși cu o furculiță, aproximativ 20 de minute.

4. Adăugați bucățile de pește și creveții. Gătiți până când peștele este gătit, aproximativ 5 minute. Se amestecă pătrunjelul. Se serveste fierbinte cu paine prajita si un strop de ulei de masline extravirgin.

Păsări de curte

Bucătarii italieni au o gamă largă de carne de pasăre din care să aleagă. În plus față de pui și curcan, sunt ușor disponibile caponi, fazani, bibilici, rațe, gâște, porumbei, prepelițe și alte păsări.

Până în al Doilea Război Mondial, carnea de pui nu a fost consumată pe scară largă în Italia. Păsările de curte erau scumpe, iar un pui viu putea produce ouă pentru ca o familie de fermă să le mănânce sau să le vândă. Puii erau uciși doar când deveneau prea bătrâni pentru a depune ouă, când cineva din familie era bolnav și avea nevoie de hrană suplimentară sau pentru sărbători speciale. Multe dintre rețetele de pui de astăzi erau pregătite cândva cu păsări sălbatice sau cu iepure.

De Crăciun și alte sărbători, italienii servesc adesea capon. Aroma caponului este asemănătoare cu cea a puiului, deși mai profundă și mai bogată. Caponul prăjit umplut cu carne sau pâine se consumă în toată Italia. În Emilia-Romagna, căponii sunt prăjiți și umpluți sau fierți pentru a obține un bulion în care să gătească tortellini mici în formă de mână. O rețetă tradițională venețiană este căponul tăiat în bucăți, asezonat cu ierburi aromate și aburit în vezica de porc pentru a-și păstra aromele. În Piemont, șapoanele sunt umplute cu trufe și fierte sau prăjite pentru mesele festive.

Dacă preferați, puteți înlocui caponul cu un curcan mic sau un pui mare la friptură.

Majoritatea rețetelor din acest capitol sunt pentru pui și curcan, deoarece aprovizionarea acestora în Statele Unite este fiabilă și constantă. Pentru pui și curcan cu gust bun, prefer să folosesc păsări de curte crescute în aer liber, crescute fără antibiotice. Deși păsările organice și de crescătorie în aer liber sunt mai scumpe, au o aromă mai bună, o textură mai bună și sunt mai bune pentru tine.

Indiferent de tipul de carne de pasăre pe care o gătiți, îndepărtați măruntaiele, ficatul și orice alte părți rămase în interiorul cavității sau în zona gâtului. Clătiți bine pasărea în interior și în exterior. Ocazional, veți vedea pene încă atașate, care trebuie îndepărtate cu degetele sau penseta. Unele tipuri de păsări de curte, cum ar fi puiul, caponul și rața, au exces de grăsime care poate fi smuls sau tăiat din cavitate. Dacă pasărea va fi gătită întreagă, îndoiți vârfurile aripilor în spate. Adăugați orice umplutură sau ingrediente de aromatizare, apoi legați picioarele împreună cu sfoară de bucătărie pentru un aspect îngrijit și pentru o gătit mai uniformă.

Unii pui, curcani si alte pasari mari vin cu un termometru mic introdus in piept. Aceste dispozitive sunt adesea inexacte, deoarece se pot înfunda cu sucuri de gătit. Cel mai bine este să vă bazați pe un termometru cu citire instantanee pentru a verifica starea de gătit. Puiul, curcanul și caponul sunt gata atunci când sucurile curg limpede atunci când coapsa este străpunsă cu o furculiță și temperatura în partea cea mai groasă a coapsei este de 170 ° până la 175 ° F (pentru capon, 180 ° F) într-o clipă. citeste termometrul. Asigurați-vă că termometrul nu atinge osul (altfel temperatura poate fi mai mare decât cea a cărnii). In Italia prepelita, gasca si rata se consuma bine fierte, cu exceptia pieptului de rata. Când este gătit în tigaie, pieptul de rață este de obicei servit mediu rar.

COTLETE DE PUI (SCALOPINĂ)

Scoicile sunt felii subțiri, dezosate, fără piele, de carne sau de pasăre, numite de obicei cotlet în engleză. Pot fi făcute cu orice tip de carne și uneori chiar cu pește cu pulpă tare, dar în Statele Unite ale Americii, carnea de vițel, puiul și curcanul sunt cele mai comune. Deși nu cele mai aromate bucăți, scoicile sau cotleturile sunt fragede, gătesc rapid și se descurcă bine cu o varietate de arome, așa că sunt o alegere bună pentru mese rapide.

Cotleturile de vițel sunt cele mai tipice din bucătăria italiană, dar carnea de vițel bună este scumpă și nu este întotdeauna ușor de găsit, așa că mulți bucătari din Statele Unite folosesc cotlet de pui sau de curcan.

Când cumpărați cotlet de pui, căutați felii întregi, bine tăiate. Acasă, verificați dacă feliile sunt suficient de subțiri, cel mai bine nu mai mult de 1/4 inch.

Dacă carnea este mai groasă sau tăiată inegal, așezați feliile între două foi de hârtie ceară sau folie de plastic. Bateți-le foarte ușor cu un obiect neted, cum ar fi un ciocan de carne. Un ciocan de instalator de cauciuc ieftin de la magazinul de feronerie face o treabă bună. Nu folosiți un ciocan cu o suprafață aspră menită să descompună fibrele și să înmoaie carnea și nu bateți prea tare sau veți avea carne tocată fin în loc de cotlet subțiri și plate.

Cotlet francez de pui

pui franțuzesc

Face 4 portii

Multe restaurante italo-americane au prezentat aceste cotlet într-o crustă ușoară de ou cu sos de lămâie. Nu știu de ce se numește franceză, adică „în stil francez", dar s-ar putea să fie pentru că s-a crezut că este elegant. Este încă un favorit și are un gust grozav cu mazăre sau spanac.

11/4 kilograme de cotlet de pui tăiate subțiri

Sare și piper negru proaspăt măcinat

2 ouă mari

½ cană făină universală

½ cană Supa de pui sau achiziționat în magazin

¼ pahar de vin alb sec

2 sau 3 linguri de suc proaspăt de lămâie

3 linguri de ulei de măsline

3 linguri de unt nesarat

1 lingură pătrunjel proaspăt cu frunze plate

1 lămâie, tăiată felii

1. Asezati feliile de pui intre doua foi de folie alimentara. Bateți ușor feliile până când au o grosime de aproximativ 1/4 inch. Stropiți puiul cu sare și piper.

2. Într-un castron puțin adânc, bate ouăle cu sare și piper până se combină bine. Întindeți făina pe o bucată de hârtie ceară. Amestecați bulionul, vinul și sucul de lămâie.

3. Într-o tigaie mare, încălziți uleiul și untul la foc mediu până când untul se topește. Dragă doar câte cotlet în făină cât pot încăpea în tavă într-un singur strat. Apoi scufundați-le în ou.

4. Aranjați feliile pe tava de copt într-un singur strat. Gatiti puiul pana se rumeneste pe fund, 2-3 minute. Întoarceți puiul cu clește și rumeniți pe cealaltă parte, încă 2-3 minute. Reglați căldura pentru ca untul să nu se ardă. Transferați puiul pe o farfurie. Se acopera cu folie alimentara si se tine la cald. Repetați cu puiul rămas.

5. După ce tot puiul este fiert, adăugați amestecul de bulion în tigaie. Ridicați focul la mare și gătiți, răzuind tigaia, până când

sosul se îngroașă ușor. Se amestecă pătrunjelul. Puneți bucățile de pui în tigaie și întoarceți-le o dată sau de două ori în sos. Serviți imediat cu felii de lămâie.

Cotlet de pui cu busuioc si lamaie

Cotlet de pui cu busuioc si lamaie

Face 4 portii

Italienii spun: „Ceea ce creşte împreună, merge împreună", iar acest lucru este cu siguranţă adevărat pentru lămâi şi busuioc. Am mâncat acest fel de mâncare elegant, dar rapid şi uşor la frumosul Hotel Quisisana de pe insula Capri, în largul coastei Napoli. Serviţi-l cu spanac sau sparanghel uns cu unt şi o sticlă de falanghină, un vin alb gustos din Campania.

11/4 kilograme felii subţiri de pui sau cotlet de curcan

Sare şi piper negru proaspăt măcinat

3 linguri de unt nesarat

1 lingura ulei de masline

2 linguri suc proaspăt de lămâie

12 frunze de busuioc proaspăt, stivuite şi tăiate în fâşii subţiri

1. Asezati feliile de pui intre doua foi de folie alimentara. Bateţi uşor feliile până când au o grosime de aproximativ 1/4 inch. Stropiţi bine puiul cu sare şi piper.

2. Într-o tigaie mare și grea, topești 2 linguri de unt cu uleiul. Când untul s-a topit, adăugați câte bucăți de pui sunt potrivite fără să le atingeți. Gatiti puiul pana se rumeneste, aproximativ 4 minute. Întoarceți puiul și rumeniți-l pe cealaltă parte, încă vreo 3 minute. Transferați bucățile pe o farfurie. Dacă este necesar, repetați cu puiul rămas.

3. Scoateți tigaia de pe foc. Adăugați untul rămas, sucul de lămâie și busuiocul în tigaie și amestecați-l ușor pentru a se topi untul. Puneți bucățile de pui în tigaie și puneți-le pe foc. Întoarceți bucățile de pui o dată sau de două ori în sos. Serviți imediat.

Cotlet de pui cu salvie si mazare

Cotlet de pui cu mazăre

Face 4 portii

Aici cotletele de pui sunt combinate cu salvie și mazăre și sunt pe cât de gustoase, pe atât de delicioase. Dacă folosești mazăre congelată și nu ai timp să le dezgheți parțial, scufundă-le în apă clocotită timp de 1 minut sau clătește-le sau scufundă-le în apă foarte fierbinte. Scurgeți-le bine înainte de a continua.

1 1/4 kilograme de cotlet de pui tăiate subțiri

Sare și piper negru proaspăt măcinat

2 linguri de unt nesarat

2 linguri de ulei de măsline

12 frunze proaspete de salvie

2 căni de mazăre proaspătă, decojită sau parțial dezghețată

1 sau 2 linguri de suc proaspăt de lămâie

1. Asezati feliile de pui intre doua foi de folie alimentara. Bateți ușor feliile până când au o grosime de aproximativ 1/4 inch. Stropiți bine puiul cu sare și piper.

2. Într-o tigaie mare, topim untul cu uleiul de măsline la foc mediu. Uscați puiul. Adăugați puiul și salvia în tigaie. Gatiti puiul pana se rumeneste, aproximativ 4 minute. Întoarceți bucățile cu clește și rumeniți-le pe cealaltă parte, încă 3 minute. Transferați bucățile pe o farfurie.

3. Adăugați mazărea și sucul de lămâie în tigaie și amestecați bine. Se adauga sare si piper dupa gust. Acoperiți și gătiți timp de 5 minute sau până când mazărea este aproape fragedă.

4. Puneți bucățile de pui în tigaie și gătiți, întorcându-le o dată sau de două ori, până când sunt complet fierte. Se serveste fierbinte.

Pui cu Gorgonzola si nuci

Piept de pui cu Gorgonzola

Face 4 portii

Gorgonzola este o brânză albastră cremoasă făcută din lapte de vacă originar din regiunea Lombardia. Pasta este alb-crem striată cu vene albastru-verzui de tip comestibil, mucegai penicilină. Gorgonzola se topește frumos, iar bucătarii din această regiune îl folosesc pentru a face paste și sosuri de carne. Aici formează un sos delicios pentru cotlet. O stropire de nucă măruntită oferă preparatului un plus de crocant. Serviți puiul cu ciuperci sotate și broccoli proaspăt.

1 1/4 kilograme de cotlet de pui tăiate subțiri

1/2 cană făină universală

Sare și piper negru proaspăt măcinat

2 linguri de unt nesarat

1 lingura ulei de masline

1/4 cană de eșalotă tocată mărunt

1½ pahar de vin alb sec

4 uncii de brânză albastră, decojită

2 linguri nuci tocate grosier si prajite

1. Asezati feliile de pui intre doua foi de folie alimentara. Bateţi uşor feliile până când au o grosime de aproximativ 1/4 inch. Pe o bucată de hârtie ceară, combinaţi făina, sarea şi piperul, după gust. Scufundaţi cotletele de pui în amestec. Agitaţi pentru a elimina excesul.

2. Într-o tigaie mare, la foc mediu, topim untul cu uleiul. Adăugaţi puiul şi gătiţi până se rumeneşte, aproximativ 4 minute. Întoarceţi bucăţile cu cleşte şi rumeniţi-le pe cealaltă parte, încă 3 minute. Scoateţi puiul într-o farfurie şi păstraţi-l la cald.

3. Adăugaţi şalota în tigaie şi gătiţi timp de 1 minut. Adăugaţi vinul şi gătiţi, răzuind fundul cratiţei, până se îngroaşă uşor, aproximativ 1 minut. Reduceţi căldura la minim. Puneţi bucăţile de pui în tigaie şi întoarceţi-le o dată sau de două ori în sos.

4. Tăiaţi brânza în felii şi aranjaţi-le deasupra puiului. Acoperiţi şi gătiţi până se topeşte uşor, 1 până la 2 minute.

5. Se presara cu nuca si se serveste imediat.

Cotlet de pui cu salata

Cotlet de pui cu salata

Face 4 portii

La un restaurant preferat din New York, numit Dal Barone, cotleturile mari de pui prăjite în pesmet cu un sos de salată crocant erau numite urechi de elefant, „urechi de elefant". Chiar dacă restaurantul s-a închis în urmă cu câțiva ani, încă fac versiunea mea a cotleturilor lor de pui. Serviți cu pere coapte și brânză la desert.

1 1/4 kilograme de cotlet de pui tăiate subțiri

2 ouă mari

1/2 cană Parmigiano-Reggiano proaspăt ras

2 linguri de pătrunjel proaspăt cu frunze plate tocat

Sare și piper negru proaspăt măcinat

1 până la 2 linguri de făină universală

1/4 cană ulei de măsline

Salată

2 linguri ulei de masline extravirgin

1 sau 2 linguri de otet balsamic

Sare și piper negru proaspăt măcinat

4 cani de salata verde amestecata, tocata in bucatele

¼ cană ceapă roșie feliată subțire

1 roșie medie coaptă, tăiată cubulețe

1. Puneți cotlet de pui între două foi de folie alimentară. Bateți ușor cotleturile până la o grosime de 1/4 inch.

2. Intr-un castron mediu, batem ouale cu branza, patrunjelul, sare si piper dupa gust. Adaugă suficientă făină pentru a face o pastă netedă suficient de groasă pentru a acoperi puiul. Tapetați o farfurie sau o tavă cu șervețele de hârtie.

3. Într-o tigaie mare, la foc mediu, încălziți 1/4 cană ulei de măsline până când o picătură din amestecul de ouă sfâraie când se adaugă.

4. Scufundați cotleturile în amestecul de ouă până când sunt bine acoperite. Puneți doar suficiente cotlet în tigaie pentru a se potrivi confortabil într-un singur strat. Gatiti pana se rumenesc, aproximativ 4 minute. Întoarceți puiul cu clește și rumeniți

cealaltă parte, încă aproximativ 3 minute. Scurgeți pe hârtie absorbantă. Se transfera pe o farfurie, se acopera cu folie alimentara si se tine la cald. Gătiți cotleturile rămase în același mod.

5.Într-un castron mare, amestecați 2 linguri de ulei de măsline, oțetul, sare și piper după gust. Adăugați ingredientele pentru salată și amestecați bine.

6.Se condimenteaza cotletele cu salata si se serveste imediat.

Rulouri de pui cu sos de hamsii

Rulouri cu sos de hamsii

Face 4 portii

Ansoa adaugă o aromă picant sosului acestor rulouri ușoare de pui. Daca nu vrei sa folosesti hamsii, inlocuieste-le cu niste capere tocate.

¼ cană de unt nesărat

4 fileuri de hamsii, scurse si tocate

1 lingură pătrunjel proaspăt cu frunze plate tocat

¼ linguriță coaja de lămâie proaspăt rasă

8 cotlet de pui feliate subțire

Piper negru proaspăt măcinat

8 felii subțiri de șuncă italiană de import

1. Așezați un grătar în centrul cuptorului. Preîncălziți cuptorul la 400 ° F. Ungeți o tigaie mică.

2. Intr-o cratita se topeste untul cu ansoa la foc mediu, zdrobindu-se ansoa cu dosul unei linguri. Se adauga patrunjelul si coaja de lamaie. Pune sosul deoparte.

3. Asezati feliile de pui intre doua foi de folie alimentara. Bateți ușor feliile până când au o grosime de aproximativ 1/4 inch. Puneți feliile de pui pe o suprafață plană. Se presară cu piper. Aranjați o bucată mică de șuncă pe fiecare felie. Rulați feliile pe lungime. Așezați rulourile în tigaie cu cusătura în jos.

4. Presărați sosul peste pui. Coaceți timp de 20 până la 25 de minute sau până când sucurile sunt limpezi când puiul este tăiat în partea cea mai groasă. Se serveste fierbinte.

Rulouri de pui cu vin roșu

Rollatini de pui cu vin roșu

Face 4 portii

Vinul rosu coloreaza acesti piepti de pui toscani rulati cu un visiniu intens si creeaza un sos delicios. Usturoiul, ierburile aromatice și feliile subțiri de șuncă sunt umplutura tipică. Deși șunca de Parma este foarte bună și este cel mai cunoscut soi din Statele Unite, alte tipuri sunt acum disponibile în afara zonei Parmei, precum șunca San Daniele, din Friuli și, deși subtil diferite, sunt la fel de bune.

Cel mai important lucru este să găsești o sursă bună de șuncă. Angajații ar trebui să știe să felieze carnea foarte subțire, fără a o toca și cum să aranjeze cu grijă feliile pe hârtie ceară, astfel încât să nu se lipească între ele.

1 lingura rozmarin proaspat tocat

1 lingura de salvie proaspata tocata

1 catel de usturoi, tocat foarte fin

8 cotlet de pui feliate subțire

Sare și piper negru proaspăt măcinat

8 felii de șuncă italiană de import

2 linguri de ulei de măsline

1 pahar de vin roșu sec

1. Într-un castron mic, combinați rozmarinul, salvia și usturoiul.

2. Aranjați cotleturile pe o suprafață plană. Stropiți cu amestecul de ierburi și sare și piper după gust. Pune deasupra o felie de sunca. Rulați cotleturile pe lungime și legați-le cu sfoară de bucătărie.

3. Într-o tigaie mare, încălziți uleiul la foc mediu. Adăugați puiul și gătiți, întorcând bucățile des cu clești, până se rumenesc pe toate părțile, aproximativ 10 minute.

4. Adăugați vinul și gătiți, răsturnând bucățile din când în când, până când puiul este complet fiert și sucurile curg limpede când sunt tăiate în partea cea mai groasă, aproximativ 15 minute.

5. Transferați rulourile de pui pe un platou de servire. Turnați sosul peste și serviți imediat.

PĂRȚI DE PUI

Puiul „diavolului".

Pui deviled

Face 4 portii

Ardeii iute roşii mici, iute, se numesc peperoncini, „peperoncini", în unele regiuni şi diavolicchi, „draci mici", în altele. Prezenţa ardeiului iute tocat explică numele toscan al acestui pui.

Îmi place să folosesc bucăţi de pui tocate pentru acest fel de mâncare. În felul acesta pot să gătesc picioarele şi beţişoarele puţin mai mult decât aripioarele şi sânii mai delicate.

1 pui (aproximativ 3 kg), tăiat în 8 porţii

1/3 cană suc de lămâie proaspăt stors

1/4 cană ulei de măsline

Un praf generos de ardei iute tocat

sare

1. Folosind un cuţit de bucătar sau un robot de bucătărie, scoateţi vârfurile aripilor de pe pui.

2. Într-un vas mare, puțin adânc, combinați sucul de lămâie, uleiul, ardeiul iute și sarea după gust. Adăugați bucățile de pui. Acoperiți și marinați la temperatura camerei timp de 1 oră, întorcând bucățile din când în când.

3. Aranjați un grătar sau un broiler la aproximativ 5 inci de sursa de căldură. Preîncălziți grătarul sau broilerul.

4. Când gătiți, scoateți puiul din marinadă și uscați-l. Aranjați puiul cu pielea îndreptată spre sursa de căldură. Grătiți sau coaceți, ungeți ocazional cu marinada, până când se rumenesc, aproximativ 10 până la 15 minute. Întoarceți puiul și gătiți până când sucul de pui curge limpede când coapsa este străpunsă cu un cuțit în partea cea mai groasă, aproximativ încă 10 până la 15 minute. Se serveste fierbinte.

Pui crocant la gratar

Pui rumenit

Face 4 portii

Puiul într-un strat crocant de pesmet și brânză este excelent proaspăt gătit și fierbinte, dar este bine servit și rece a doua zi. Planifică un picnic italian cu acest pui, *Cartofi dulci-acri*, *salata de fasole verde*si rosii feliate.

1 pui (aproximativ 3½ kilograme), tăiat în bucăți mici

Sare și piper negru proaspăt măcinat

½ cană pesmet simplu, uscat

2 linguri Parmigiano-Reggiano proaspăt ras

1 catel mare de usturoi, tocat marunt

½ linguriță oregano uscat, mărunțit

Aproximativ 2 linguri de ulei de măsline

1. Așezați un suport la aproximativ 5 inci de sursa de căldură. Preîncălziți grătarul.

2. Uscați puiul. Se presară cu sare și piper. Puneți puiul pe grătar cu pielea în jos. Gatiti puiul pana se rumeneste usor, aproximativ 10 minute. Întoarceți puiul și gătiți încă 10 minute.

3. În timp ce puiul se gătește, într-un castron mediu, combinați pesmetul, brânza, usturoiul, oregano, sare și piper după gust. Adăugați suficient ulei pentru a face o pastă groasă.

4. Scoateți tigaia de pe grătar. Setați căldura cuptorului la 350°F.

5. Ungeți partea de piele a puiului cu amestecul de pesmet, lovindu-l astfel încât să se lipească. Se pune tava pe grătarul din mijloc al cuptorului și se mai gătește aproximativ 10 până la 15 minute, până când sucurile sunt limpezi când puiul este străpuns cu un cuțit în partea cea mai groasă a coapsei și crusta este maro aurie. Se serveste fierbinte sau la temperatura camerei.

Pui marinat la gratar

Pui la gratar

Face 4 portii

Oțetul, usturoiul și ierburile – ingrediente tipice zonei Napoli, de unde era familia tatălui meu – erau întotdeauna incluse într-o marinadă pentru orice gătea el pe grătar. Planta era de obicei mentă, proaspătă de casă sau uscată, deși uneori înlocuia pătrunjel proaspăt sau oregano uscat. A folosit-o pe pui, pește gras și friptură, iar rezultatele au fost întotdeauna delicioase.

Deoarece acidul din oțet poate „găti" de fapt orice aliment bogat în proteine cu care intră în contact, nu marinați peștele fraged mai mult de 30 de minute. Puiul și carnea de vită se pot marina mai mult și vor câștiga mai multă aromă din marinadă.

1½ cană oțet de vin roșu

2 catei mari de usturoi, tocati

2 linguri de menta proaspata tocata sau patrunjel plat sau 1 lingurita de oregano uscat, maruntit

Sare și piper negru proaspăt măcinat

1 pui (aproximativ 3½ kilograme), tăiat în 8 porții

1. Într-un vas puțin adânc, nereactiv, amestecați împreună oțetul, usturoiul, ierburile, sarea și piperul, după gust. Adăugați bucățile de pui. Acoperiți și lăsați la frigider câteva ore până peste noapte.

2. Puneți un grătar sau grătar la aproximativ 5 inci de sursa de căldură. Preîncălziți grătarul sau broilerul.

3. Scoateți puiul din marinată. Uscați puiul. Aranjați puiul cu pielea îndreptată spre sursa de căldură. Prăjiți sau coaceți timp de 12-15 minute sau până când se rumenesc. Întoarceți puiul și gătiți încă 10-15 minute, sau până când sucul de pui curge limpede când pulpa de pui este străpunsă cu un cuțit în partea cea mai groasă. Se serveste fierbinte sau la temperatura camerei.

Pui la cuptor cu cartofi si lamaie

Pui la cuptor cu cartofi si lamaie

Face 4 portii

Unul dintre restaurantele mele preferate de pe insula Capri este Da Paolino, amplasat într-o livadă de lămâi. Într-o seară, soțul meu și cu mine ne bucuram de o cină liniștită la lumina lumânărilor, când dintr-o dată o lămâie mare copt din copacul de deasupra noastră s-a izbit într-un pahar, stropind cu apă peste masă.

Mă gândesc la acel incident de fiecare dată când fac acest pui cu lămâie. Este un preparat de casă tipic întregului sud al Italiei, unde abundă citricele.

2 lămâi medii

1 lingura ulei de masline

1 lingura rozmarin tocat

2 catei de usturoi, tocati

Sare și piper negru proaspăt măcinat

1 pui (aproximativ 3½ kilograme) tăiat în 8 porții

1 kilogram de cartofi universali, curățați și tăiați în optimi

1. Așezați un grătar în centrul cuptorului. Preîncălziți cuptorul la 450 ° F. Ungeți cu ulei o tavă suficient de mare pentru a păstra toate ingredientele într-un singur strat.

2. Tăiați o lămâie în felii subțiri. Stoarceți sucul de la lămâia rămasă într-un castron mediu.

3. Adăugați uleiul, rozmarinul, usturoiul, sare și piper după gust în bol și amestecați până la omogenizare.

4. Clătiți bucățile de pui și uscați-le. Pune puiul în tigaie. Se toarnă amestecul de suc de lămâie peste pui, întorcând bucățile pentru a acoperi toate părțile. Aranjați bucățile de pui cu pielea în sus. Aranjați cartofii și feliile de lămâie în jurul puiului.

5. Gatiti puiul timp de 45 de minute. Stropiți cu sucuri de tigaie. Continuați să gătiți, periând ocazional, încă 15 minute sau până când puiul este auriu și cartofii sunt fragezi.

6. Transferați conținutul tigaii pe o farfurie de servire. Turnați sucurile peste pui și serviți.

Pui rustic și legume

Pui de fermier

Face 4 portii

Acum câțiva ani am vizitat Emilia-Romagna pentru a afla cum se produce Parmigiano-Reggiano. Am vizitat o fabrică de brânzeturi unde proprietarul mi-a arătat cum se face brânza zilnic. După un tur și o lecție despre fabricarea brânzei, gazda mea m-a invitat la prânz cu familia și colegii lui. Când am intrat în bucătăria mare a fermei, soția lui scotea din cuptor tigăi mari cu pui și legume. Am mâncat salamul de casă și pâinea albă în formă de crab tipică regiunii, cunoscută sub numele de cuplu, deoarece este făcută în două bucăți unite. Desertul a fost cât se poate de simplu: felii de pere coapte, suculente și parmezan umed, învechit.

O tavă de copt suficient de mare pentru a încăpea tot puiul și legumele într-un singur strat este esențială pentru acest fel de mâncare, altfel ingredientele se vor aburi și nu se vor rumeni corespunzător. Dacă nu ai una suficient de mare, folosește două tigăi mai mici, împărțind ingredientele în mod egal între ele.

Variaza acest fel de mancare in functie de legumele de sezon si de ce ai la indemana. Puteți adăuga napi tocați, dovleac sau ardei sau încercați o mână de roșii cherry.

½ până la 1 cană de casăSupa de puisau achiziționat în magazin

4 catei mari de usturoi, tocati marunt

2 linguri de pătrunjel proaspăt cu frunze plate tocat

2 linguri rozmarin proaspăt tocat

¼ cană ulei de măsline

Sare și piper negru proaspăt măcinat

1 pachet (10 uncii) de ciuperci albe, tăiate în jumătate sau în sferturi dacă sunt mari

6 cartofi medii rari, curatati de coaja si taiati in optimi

2 morcovi medii, tăiați în bucăți de 1 inch

1 ceapă medie, tăiată în optimi

1 pui (aproximativ 3½ kilograme), tăiat în 8 porții

1. Pregătiți supa de pui, dacă este necesar. Așezați un grătar în centrul cuptorului. Preîncălziți cuptorul la 450 ° F. Alegeți o tavă

suficient de mare pentru a ține toate ingredientele într-un singur strat sau folosiți două foi de copt. Ungeți tigaia sau tigăile.

2. Puneti usturoiul, patrunjelul si rozmarinul intr-un castron mic si amestecati cu uleiul. Se adauga sare si piper dupa gust.

3. Intindeti in tigaie ciupercile, cartofii, morcovii si ceapa. Adăugați jumătate din amestecul de ierburi și amestecați bine. Ungeți amestecul rămas de ierburi peste bucățile de pui. Așezați puiul în tigaie cu pielea în sus, aranjand legumele în jurul lui.

4. Gatiti 45 de minute. Ungeți puiul cu sucul din tigaie. Dacă puiul pare uscat, adăugați puțin supă de pui. Continuați să gătiți, periând ocazional, încă 15 minute sau până când sucul puiului curge limpede când este străpuns prin cea mai groasă parte a coapsei cu un cuțit și cartofii sunt fragezi. Dacă puiul nu este suficient de rumenit, puneți tigăile sub broiler timp de 5 minute sau până când pielea devine maro aurie și crocantă.

5. Transferați puiul și legumele pe un platou de servire. Înclinați tigaia și îndepărtați grăsimea cu o lingură mare. Pune tigaia la foc mediu. Adăugați aproximativ 1/2 cană bulion de pui și răzuiți fundul tigaii. Aduceți sucurile la fiert și gătiți până se micșorează ușor, aproximativ 5 minute.

6. Se toarnă sosul peste pui și legume și se servește imediat.

Pui cu lamaie si vin alb

Pui cu Scarpariello I

Face 4 portii

Scarparielloînseamnă „stil cizmar" și există multe teorii cu privire la modul în care a apărut numele acestei rețete. Unii spun că bucățile de usturoi tocate seamănă cu vârfurile cuielor de pantofi, în timp ce alții spun că a fost un fel de mâncare rapidă aruncat împreună de un cizmar ocupat. Cel mai probabil este o invenție italo-americană, căreia i s-a dat un nume italian de către un restaurator priceput.

Există multe versiuni ale acestui fel de mâncare și toate cele pe care le-am încercat au fost delicioase. De obicei, puiul este tăiat în bucăți mici, cunoscute sub numele de tocană, pentru a fi rupte, „tocate", astfel încât bucățile să poată absorbi mai mult din sosul gustos. Puteți să-l faceți acasă cu un satar sau cuțit greu sau să cereți măcelarului să vă pregătească puiul. Dacă preferați, puteți tăia pur și simplu puiul de la articulații în bucăți mari.

1 pui (aproximativ 3½ kilograme)

Sare și piper negru proaspăt măcinat

3 linguri de ulei de măsline

2 linguri de unt nesarat

3 catei mari de usturoi, tocati marunt

3 linguri suc proaspăt de lămâie

¾ pahar de vin alb sec

¼ cană pătrunjel proaspăt cu frunze plate tocat

1. Tăiați vârfurile aripilor și coada puiului. Pune-le deoparte pentru o altă utilizare. Cu un cuțit mare sau cu un satar, tăiați puiul de-a lungul articulațiilor. Tăiați sânii, coapsele și picioarele în bucăți de 2 inci. Clătiți bucățile și uscați-le. Se presară totul cu sare și piper.

2. Încinge uleiul într-o tigaie de 12 inchi la foc mediu-mare. Adăugați bucățile de pui într-un singur strat. Gătiți, întorcând bucățile din când în când, până devin maro auriu, aproximativ 15 până la 20 de minute.

3. Reduceți căldura la mediu. Îndepărtați grăsimea cu o lingură. Se pune untul in tava si, cand s-a topit, se adauga usturoiul. Întoarceți bucățile de pui în unt și adăugați sucul de lămâie.

4. Se adauga vinul si se aduce la fierbere. Acoperiți și gătiți, întorcând bucățile din când în când, până când sucul puiului

curge limpede când este străpuns cu un cuțit în partea cea mai groasă a coapsei, aproximativ 10 minute.

5. Dacă a mai rămas mult lichid, transferați puiul într-un platou de servire și păstrați-l la cald. Ridicați focul și fierbeți până când lichidul s-a redus și s-a îngroșat ușor. Se adauga patrunjelul si se toarna peste pui.

Pui cu carnati si ardei murati

Pui cu Scarpariello II

Face 6 portii

Coppa de pui a devenit probabil populară aici înainte de al Doilea Război Mondial, când mulți imigranți italieni în această țară au deschis restaurante în cartierele mari ale orașelor cunoscute sub numele de Mica Italia. Puțini erau bucătari profesioniști, iar multe dintre felurile de mâncare pe care le-au servit erau bazate pe gătit acasă, îmbogățit de abundența ingredientelor pe care le-au găsit în această țară.

Iată o a doua versiune de cobbler de pui. Cu cârnați, oțet și ardei murați este complet diferit de cel<u>Pui cu lamaie si vin alb</u>rețetă. Și există și multe alte versiuni. Indiferent de originea sa, coppa de pui este delicioasă și satisfăcătoare.

¼ cană de casă<u>Supa de pui</u>sau achiziționat în magazin

1 pui (aproximativ 3½ kilograme)

1 lingura ulei de masline

1 kilogram de cârnați de porc în stil italian, tăiați în bucăți de 1 inch

Sare și piper negru proaspăt măcinat

6 căței mari de usturoi, tăiați în felii subțiri

1 cană de ardei murați borcanați, tocați

¼ cană piper lichid de murat sau oțet de vin alb

1. Pregătiți supa de pui, dacă este necesar. Tăiați vârfurile aripilor și coada puiului. Pune-le deoparte pentru o altă utilizare. Cu un cuțit mare sau cu un satar, tăiați puiul de-a lungul articulațiilor. Tăiați sânii, coapsele și picioarele în bucăți de 2 inci. Clătiți bucățile și uscați-le bine.

2. Încinge uleiul la foc mediu-mare într-o tigaie suficient de mare încât să țină toate ingredientele. Adăugați bucățile de cârnați și rumeniți-le bine pe toate părțile, aproximativ 10 minute. Transferați bucățile pe o farfurie.

3. Puneți bucățile de pui în tigaie. Se presară cu sare și piper. Gatiti, amestecand din cand in cand, pana devine maro auriu, aproximativ 15 minute. Împrăștiați usturoiul în jurul puiului și gătiți încă 2 până la 3 minute.

4. Înclinați tigaia și aruncați cea mai mare parte din grăsime. Adăugați cârnații, bulionul, ardeii și lichidul sau oțetul de chili. Ridicați căldura la mare. Gatiti, amestecand des bucatile si

ungendu-le cu lichid, pana cand lichidul s-a redus si a format o glazura usoara, aproximativ 15 minute. Serviți imediat.

Pui cu telina, capere si rozmarin

Cacciatore de pui sicilian

Face 4 portii

Aceasta este o versiune siciliană a puiului cacciatore, „de la soția vânătorului". Țelina este o atingere plăcută, dând sosului puțin crocant. Sicilienii o pregătesc adesea cu iepure.

2 linguri de ulei de măsline

1 pui (aproximativ 3½ kilograme), tăiat în 8 bucăți

Sare și piper negru proaspăt măcinat

1½ cană oțet de vin roșu

1/2 cană țelină tocată

1/4 cană de capere, clătite și tocate

1 crenguță de rozmarin proaspăt

1. Încinge uleiul într-o tigaie mare la foc mediu. Uscați puiul cu prosoape de hârtie. Adăugați bucățile de pui și sare și piper după gust. Gătiți, întorcând bucățile din când în când, până se

rumenesc, aproximativ 15 minute. Înclinați tigaia și îndepărtați grăsimea.

2. Se toarnă oțetul peste pui și se aduce la fierbere. Aranjați țelina, caperele și rozmarinul în jurul puiului.

3. Acoperiți și gătiți, întorcând bucățile din când în când, timp de aproximativ 20 de minute sau până când puiul este fraged și cea mai mare parte a oțetului s-a evaporat. Dacă a rămas prea mult lichid la sfârșitul gătitului, transferați bucățile de pui pe o farfurie de servire. Ridicați focul și fierbeți lichidul până scade.

4. Transferați puiul pe o farfurie. Înclinați tigaia și îndepărtați grăsimea cu o lingură mare. Adăugați puțină apă și răzuiți fundul tigaii cu o lingură de lemn. Turnați sucurile peste pui și serviți imediat.

Pui Romana

Pui la romana

Face 4 portii

Maghiranul este o planta folosita frecvent in bucataria romana. Are o aromă asemănătoare oreganoului, deși mult mai delicat. Daca nu ai maghiran, inlocuieste-l cu un praf de oregano sau chiar cimbru. Unii bucătari romani înfrumusețează acest fel de mâncare adăugând ardei soți în ulei de măsline în tigaie chiar înainte ca puiul să fie gătit.

2 uncii de slănină feliată groase, tocată

2 linguri de ulei de măsline

1 pui, aproximativ 3 1/2 kilograme, tăiat în 8 porții

Sare și piper negru proaspăt măcinat

2 catei de usturoi, tocati marunt

1 lingurita maghiran uscat

1½ pahar de vin alb sec

2 căni de roșii decojite, fără semințe, tăiate cubulețe sau roșii din conserva mărunțite

1. Într-o tigaie mare, la foc mediu, gătiți baconul în ulei de măsline până se rumenește, aproximativ 10 minute.

2. Uscați puiul cu prosoape de hârtie. Adăugați puiul în tigaie și stropiți cu sare și piper după gust. Gatiti, intoarcend din cand in cand, pana cand bucatile se rumenesc pe toate partile, aproximativ 15 minute.

3. Înclinați tigaia și îndepărtați excesul de grăsime cu o lingură mare. Se presara puiul cu usturoi si maghiran. Adăugați vin și gătiți 1 minut. Adăugați roșiile și aduceți la fiert. Gatiti, amestecand din cand in cand, pana cand sucurile sunt limpezi cand puiul este taiat in partea cea mai groasa a coapsei, 20-30 de minute. Se serveste fierbinte.

Pui cu oțet, usturoi și ardei iute

Tocană de pui a bunicii

Face 4 portii

Bunica a învățat-o pe mama să facă acest pui simplu napolitan picant, iar mama m-a învățat pe mine.

Nici măcar nu vă gândiți să folosiți un oțet dulce precum balsamul pentru această rețetă. Un oțet de vin bun va da aroma autentică. Nu va fi prea puternic; gatirea indulceste otetul si toate aromele se echilibreaza frumos.

1 pui (aproximativ 3½ kilograme)

2 linguri de ulei de măsline

sare

4 catei mari de usturoi, tocati marunt

½ linguriță de ardei roșu măcinat sau după gust

2½ cană oțet de vin roșu

1. Tăiați vârfurile aripilor și coada puiului. Cu un cuțit mare sau cu un satar, tăiați puiul de-a lungul articulațiilor. Tăiați sânii,

coapsele și picioarele în bucăți de 2 inci. Clătiți bucățile și uscați-le bine.

2. Într-o tigaie suficient de mare pentru a încăpea tot puiul într-un singur strat, încălziți uleiul la foc mediu. Adăugați bucățile de pui fără a le înghesui. Dacă există prea mult pui pentru a încăpea confortabil într-o tigaie, împărțiți puiul între două tigăi sau gătiți-l în loturi.

3. Gatiti pana se rumenesc, intorcandu-se ocazional, aproximativ 15 minute. Când tot puiul este rumenit, răsturnați tigaia și aruncați cea mai mare parte din grăsime. Stropiți puiul cu sare.

4. Distribuiți usturoiul și ardeiul iute tocat în jurul bucăților de pui. Adăugați oțetul și amestecați, răzuind orice bucăți maro de pe fundul tigaii cu o lingură de lemn. Gatiti, amestecand puiul si ungeti ocazional, pana cand puiul este fraged si lichidul se ingroasa si scade, 15 minute. Dacă se usucă prea mult, adăugați puțină apă caldă.

5. Transferați puiul într-un vas de servire și turnați peste el sucul de gătit. Se serveste fierbinte.

Pui prajit toscan

Pui prajit toscan

Face 4 portii

În Toscana atât puiul, cât și iepurele sunt tăiați în bucăți mici acoperite cu un aluat gustos și apoi prăjiți. Adesea segmentele de anghinare sunt prajite in acelasi timp si servite impreuna.

Toscanii folosesc pui întreg tăiat bucăți pentru această rețetă, dar uneori îl fac doar cu aripioare de pui. Se gătesc uniform și toată lumea adoră să le mănânce.

1 pui (aproximativ 3 1/2 livre) sau 8 până la 10 aripioare de pui

3 ouă mari

2 linguri suc proaspăt de lămâie

Sare și piper negru proaspăt măcinat

1½ cani de faina universala

Ulei vegetal sau de măsline pentru prăjit

1 lămâie, tăiată felii

1. Dacă folosiți un pui întreg, tăiați vârfurile aripilor și coada. Cu un cuțit mare sau cu un satar, tăiați puiul de-a lungul articulațiilor. Tăiați sânii, coapsele și picioarele în bucăți de 2 inci. Separați aripile la articulații. Clătiți bucățile și uscați-le bine.

2. Într-un castron mare, bateți ouăle, sucul de lămâie, sare și piper după gust. Întindeți făina pe o foaie de hârtie de copt. Tapetați una sau mai multe tăvi cu prosoape de hârtie. Preîncălziți cuptorul la 300°F.

3. Aruncați bucățile de pui în amestecul de ouă până când sunt bine acoperite. Scoateți bucățile pe rând și ungeți-le în făină. Îndepărtați excesul. Puneți bucățile pe un grătar până când sunt gata de gătit.

4. Se încălzește aproximativ 1 inch de ulei într-o tigaie mare și adâncă sau o cratiță mare la foc mediu. Testați pentru a vă asigura că uleiul este suficient de fierbinte, turnând o parte din amestecul de ouă. Când sfârâie și devine maro auriu în 1 minut, adăugați suficiente bucăți de pui pentru a încăpea confortabil în tigaie, fără a le înghesui. Prăjiți bucățile, întorcându-le ocazional cu clești, până când devin crocante și aurii pe toate părțile, iar sucul curge limpede când puiul este străpuns în partea cea mai groasă, 15 până la 20 de minute. Pe măsură ce bucățile sunt gata,

transferați-le pe hârtie absorbantă pentru a se scurge. Păstrați cald la cuptorul mic în timp ce prăjiți puiul rămas.

5.Se serveste fierbinte cu felii de lamaie.

Pui Cu șuncă și condimente

Pui condimentat

Face 4 portii

Am mâncat această mâncare de pui sot când eram în regiunea Marche. Puiul nu se rumenește mai întâi, chiar dacă este bine colorat. Condimentele și aromele dau puiului o aromă vie, complexă și neobișnuită și este foarte simplu de gătit.

1 pui (aproximativ 3½ kilograme), tăiat în 8 porții

¼ lire șuncă italiană de import dintr-o bucată, tăiată în fâșii înguste

6 segmente întregi

2 crengute de rozmarin proaspat

2 frunze proaspete de salvie

2 foi de dafin

1 cățel de usturoi, feliat subțire

½ linguriță boabe întregi de piper negru

sare

1½ pahar de vin alb sec

1.Puneți bucățile de pui cu pielea în jos într-o tigaie mare și grea. Peste pui se întinde șunca, cuișoarele, rozmarinul, salvia, frunza de dafin, usturoiul, boabele de piper și sare. Adăugați vinul și aduceți-l la fiert la foc mediu.

2.Acoperiți tigaia și gătiți 20 de minute. Adăugați puțină apă dacă puiul pare uscat. Gătiți, ocazional, ungând puiul cu lichidul din tigaie, încă 15 minute sau până când zeama curge limpede când puiul este străpuns cu un cuțit în partea cea mai groasă a coapsei.

3.Acoperiți și gătiți scurt până când lichidul s-a redus ușor. Aruncați frunza de dafin. Se serveste fierbinte.

Pui în stil soția vânătorului

Cacciatore de pui

Face 4 portii

Cred că aș putea scrie o carte întreagă de rețete de pui numită Cacciatore. O explicație a numelui este că puiul, până în ultimii 50 de ani sau cam asa ceva, a fost un fel de mâncare pentru ocazii speciale în majoritatea caselor și nu a fost mâncat în fiecare zi. Dar în timpul sezonului de vânătoare, soția vânătorului a pregătit un pui pentru a-și întări soțul pentru rigorile vânătorii.

Există multe variante ale acestui fel de mâncare. Italienii din sud îl pregătesc cu roșii, usturoi și ardei. În Emilia-Romagna există ceapă, morcov, țelină, roșii și vin alb sec. În Friuli-Venezia Giulia se prepară cu ciuperci. Genovezii îl pregătesc simplu cu roșii cherry și vin alb local. Această versiune piemonteză este un clasic.

2 linguri de ulei de măsline

1 pui (aproximativ 3½ kilograme), tăiat în 8 porții

2 cepe medii, tocate

1 coastă de țelină, tocată

1 morcov, tocat

1 ardei roșu, tăiat în felii subțiri

1 ardei galben, tăiat în felii subțiri

1½ pahar de vin alb sec

4 roșii coapte, curățate, fără semințe și mărunțite sau 2 căni de roșii conservate

6 frunze de busuioc proaspăt, rupte în bucăți

2 lingurite rozmarin proaspat tocat

Sare și piper negru proaspăt măcinat

1. Încinge uleiul într-o tigaie mare la foc mediu. Clătiți și uscați bucățile de pui. Gătiți puiul, întorcând bucățile des, până se rumenește pe toate părțile, aproximativ 15 minute. Transferați puiul pe o farfurie. Înclinați tigaia și îndepărtați toate, cu excepția a 2 linguri de grăsime.

2. Adăugați în tigaie ceapa, țelina, morcovul și ardeii. Gatiti, amestecand din cand in cand, pana cand legumele se rumenesc usor, aproximativ 15 minute.

3.Întoarceți puiul în tigaie. Se adauga vinul si se aduce la fierbere. Se adauga rosiile, busuiocul, rozmarinul, sare si piper dupa gust. Aduceți la fiert și gătiți, întorcând bucățile de pui din când în când, până când sucul de pui curge limpede când coapsa este străpunsă în partea cea mai groasă, aproximativ 20 de minute. Se serveste fierbinte.

Pui cu Porcini

Pui cu ciuperci porcini

Face 4 portii

În Piemont vezi oameni care vând ciuperci porcini proaspăt culese la tarabele improvizate în zonele de deservire a autostrăzilor și în parcări. Deoarece sezonul porcini este scurt, aceste ciuperci sălbatice cu carne sunt adesea uscate pentru a-și păstra toată aroma și aroma îmbătătoare. Nu sunt ieftine, dar un pic merge departe. Ciupercile porcini uscate ambalate fac cadouri grozave, chiar și pentru tine. Cumpăr pungi mari pline, care pot fi depozitate mult timp într-un recipient sigilat.

½ cană ciuperci porcini uscate

1 cană de apă caldă

1 lingura unt nesarat

2 linguri de ulei de măsline

1 pui (aproximativ 3½ kilograme), tăiat în 8 porții

Sare și piper negru proaspăt măcinat

1 pahar de vin alb sec

1. Înmuiați ciupercile în apă timp de 30 de minute. Scoateți ciupercile și rezervați lichidul. Clătiți ciupercile sub jet de apă rece pentru a îndepărta orice reziduu de nisip, acordând o atenție deosebită capetele tulpinilor unde se acumulează pământ. Tocați grosier ciupercile. Se strecoară lichidul de ciuperci printr-un filtru de hârtie de cafea într-un bol.

2. Într-o tigaie mare, topim untul cu uleiul la foc mediu. Uscați puiul și puneți bucățile în tigaie. Rumeniți bine puiul pe toate părțile, aproximativ 15 minute. Se presară cu sare și piper.

3. Întoarceți cratița și îndepărtați excesul de grăsime cu o lingură. Adăugați vinul în tigaie și aduceți la fierbere. Întindeți ciupercile peste pui. Turnați lichidul de ciuperci în tigaie. Acoperiți parțial și gătiți, întorcând bucățile din când în când, până când sucul de pui curge limpede când coapsa este străpunsă în partea cea mai groasă, aproximativ 20 de minute.

4. Transferați puiul pe un platou de servire. Dacă a rămas mult lichid în tigaie, ridicați focul și gătiți până scade și se îngroașă. Se toarnă sosul peste pui și se servește imediat.

Pui Cu Măsline

Pui cu Masline

Roma este capitala Italiei, iar oameni din toată țara gravitează acolo datorită importanței sale ca centru al guvernului, religiei și (într-o măsură mai mică) afaceri. Multe dintre restaurantele orașului sunt conduse de non-romani, iar mâncarea reflectă uneori fuziunea stilurilor regionale. Am mâncat acest pui într-o trattoria din Trastevere, cartierul boem de cealaltă parte a Tibrului din centrul istoric, frecventat de tinerii orașului. Judecând după cantitatea de usturoi de pe farfurie, am bănuit că există o mână sudică în gătit, dar nu am putut afla sigur.

2 linguri de ulei de măsline

1 pui (aproximativ 3½ kilograme), tăiat în 8 porții

Sare și piper negru proaspăt măcinat

4 catei de usturoi, usor macinati

1½ pahar de vin alb sec

2 linguri otet de vin alb

1 cană măsline Gaeta sau alte măsline delicate, aromate, fără sâmburi și tăiate grosier

2 fileuri de hamsii, tocate

1. Într-o tigaie mare, încălziți uleiul la foc mediu. Uscați bucățile de pui și puneți-le în tigaie. Se presară bucățile cu sare și piper. Cand puiul este auriu pe o parte, dupa aproximativ 10 minute intoarce bucatile, apoi presara usturoiul de jur imprejur. Gatiti pana se rumenesc, inca 10 minute. Scoateți usturoiul dacă devine maro închis.

2. Se adauga vinul si otetul si se aduce la fierbere. Distribuiți măslinele și ansoa peste tot. Acoperiți parțial tigaia și reduceți focul. Gatiti, intoarcend bucatile din cand in cand, pana cand puiul este fraged si sucurile sunt limpezi cand coapsa este strapunsa in partea cea mai groasa, aproximativ 20 de minute.

3. Scoateți puiul pe un platou de servire. Înclinați tigaia și îndepărtați grăsimea. Se toarnă sosul peste pui. Se serveste fierbinte.

Ficatei de pui cu Vin Santo

Ficat de pui cu Vin Santo

Face 4 portii

Vin santo este un vin de desert toscan obținut prin uscarea parțială a strugurilor trebbiano pe rafturi de paie înainte de a le presa pentru a obține un vin foarte concentrat. Vinul se lasă la învechire în butoaie de lemn închise până când capătă o frumoasă culoare chihlimbar și dezvoltă o aromă aromată, de nucă și o textură netedă. Este un vin perfect pentru a sorbit la sfarsitul unei mese sau pentru a insoti fructe uscate, biscuiti simpli sau prajituri. Vin santo este folosit și la gătit, în acest caz cu ficatei de pui într-un sos delicios de unt.

Marsala poate fi înlocuită cu vin santo. Serveste acesti ficatei peste mamaliga fiarta sau prajita sau felii de paine prajita.

1 kilogram de ficat de pui

3 linguri de unt nesarat

Sare și piper negru proaspăt măcinat

1 lingurita frunze de salvie proaspata tocate

4 felii subțiri de șuncă italiană de import, tăiate în cruce în bucăți

2 linguri de vin santo sau Marsala

2 linguri de pătrunjel proaspăt cu frunze plate tocat

1. Curățați ficații de pui, îndepărtând fibrele de legătură cu un cuțit ascuțit. Tăiați fiecare ficat în 2 sau 3 bucăți.

2. Într-o tigaie mare, topește 2 linguri de unt la foc mediu. Clătiți și uscați bucățile de ficat și adăugați-le în tigaie. Se presară cu sare și piper. Adăugați salvie și șunca. Gătiți, întorcând bucățile de ficat frecvent, până se rumenesc ușor, dar încă roz în centru, aproximativ 5 minute. Transferați ficații într-o farfurie cu o lingură cu fantă.

3. Adăugați vin santo în tigaie și ridicați focul. Aduceți la fiert și gătiți 1 minut sau până când se reduce ușor. Se ia de pe foc si se adauga restul de unt si patrunjelul. Se toarnă sosul peste ficat și se servește imediat.

PUI INTREG SI CAPON

Pui prăjit cu rozmarin

Friptură de pui

Face 4 portii

Înainte de anii 1950, majoritatea italienilor trăiau și lucrau în ferme deținute de proprietari bogați, absenți. În anumite perioade ale anului, de obicei în timpul sărbătorilor, fermierii trebuiau să plătească proprietarului o parte din profiturile lor, de obicei sub formă de animale, produse, cereale, vin sau orice era produs la fermă. În Veneto, în mod tradițional, obiectele specifice erau asociate cu anumite sărbători. Puii au fost oferiți cadou la Carnaval, care precede Postul Mare. Găinile au fost dăruite în dar de sărbătoarea Sfântului Petru din 29 iunie, gâștele de Ziua Tuturor Sfinților de 1 noiembrie. Ouăle au fost cadoul de Paște și un purcel de lapte de Sf. Martin, 11 noiembrie. persoana obișnuită și tot face ca o masă să pară o ocazie.

Prăjirea pieptului de pui în jos ajută la menținerea cărnii albe suculente și gătește puiul uniform. Pentru cea mai bună aromă, folosiți pui crescut organic.

Aceasta este cea mai de bază dintre rețetele de pui la friptură și, după părerea mea, cea mai bună. Puiul se gătește la o temperatură *scăzută tot timpul. Dacă doriți, împrăștiați câțiva cartofi sau alte rădăcinoase, cum ar fi morcovii sau ceapa, în jurul puiului.*

1 pui (3½ până la 4 lire sterline)

2 catei de usturoi, taiati in jumatate

4 linguri de ulei de măsline

Sare și piper negru proaspăt măcinat

2 sau 3 crengute de rozmarin proaspat

1 lămâie, tăiată în jumătate

1. Așezați un grătar în centrul cuptorului. Preîncălziți cuptorul la 350 ° F. Ungeți cu ulei o tavă suficient de mare pentru a ține puiul.

2. Clătiți bine puiul și uscați-l. Frecați toată pielea cu usturoi. Ungeți cu ulei și stropiți în interior și în exterior cu sare și piper. Puneți usturoiul și rozmarinul în interiorul puiului. Stoarceți sucul de lămâie peste pui. Puneți jumătățile de lămâie în cavitatea puiului. Legați picioarele împreună cu sfoară de bucătărie. Pune pieptul de pui cu partea în jos în tigaie.

3. Friptură de pui 30 de minute. Ungeți puiul cu sucul acumulat. Continuați să prăjiți încă 20 de minute. Întoarceți cu grijă pieptul de pui în sus și prăjiți, periându-l ocazional, timp de 30 de minute. Puiul este gata când sucurile curg limpede când coapsa este străpunsă și temperatura în partea cea mai groasă a coapsei este de 170 ° F pe un termometru cu citire instantanee. Dacă puiul nu este suficient de rumenit, creșteți căldura la 450 ° F pentru ultimele 15 minute de gătit.

4. Transferați puiul pe o farfurie. Acoperiți lejer cu folie de aluminiu și țineți la cald timp de 10 minute înainte de a tăia. Se serveste fierbinte sau la temperatura camerei.

Pui Prăjit Cu Salvie și Vin Alb

Pui prăjit cu salvie

Face 4 portii

Metoda pentru acest pui fript este diferită de aceea Pui prăjit cu rozmarin rețetă. Aici puiul se prăjește la o temperatură mai ridicată, ceea ce economisește timp și dă pielii mai multă culoare. Vinul și sucul de lămâie transformă sucul din tigaie de pui într-un mic sos pentru pui.

1 pui (3½ până la 4 lire sterline)

4 catei mari de usturoi

Ramă de salvie proaspătă

Sare și piper negru proaspăt măcinat

1 lămâie mică, tăiată în felii subțiri

2 linguri de ulei de măsline

1½ pahar de vin alb sec

2 linguri suc proaspăt de lămâie

1. Așezați un grătar în centrul cuptorului. Preîncălziți cuptorul la 450 ° F. Ungeți cu ulei o tavă suficient de mare pentru a ține puiul. Pune un gratar în tavă.

2. Puneți usturoiul, salvia și feliile de lămâie în interiorul cavității. Frecați pielea cu ulei și stropiți cu sare și piper. Puneți vârfurile aripilor în spatele puiului. Legați picioarele împreună cu sfoară de bucătărie.

3. Așezați puiul pe grătar în tigaie. Se prăjește 20 de minute. Se toarnă vinul și zeama de lămâie peste pui. Prăjiți încă 45 de minute, ungând din când în când cu sucul de gătit. Puiul este gata atunci când sucurile curg limpede când coapsa de pui este străpunsă și temperatura în partea cea mai groasă a coapsei este de 170 ° F pe un termometru cu citire instantanee.

4. Transferați puiul pe o farfurie. Acoperiți lejer cu folie de aluminiu și țineți la cald timp de 10 minute înainte de a tăia. Se serveste fierbinte cu sucurile de gatit.

Pui la friptură de porc

Pui Porchetta

Face 4 până la 6 porții

În centrul Italiei, porchetta este un porc întreg prăjit la scuipă cu fenicul, usturoi, piper negru și rozmarin. Dar acesta nu este un fel de mâncare care este ușor de preparat acasă, așa că bucătarii adaptează aceleași arome complementare la bucăți mai mici de carne de porc, iepure, pește și pasăre. Când am gustat prima dată această rețetă la casa unui vinificator din Umbria, a fost făcută cu bibilică, care seamănă cu un pui mare, dar cu mai multă aromă. Un pui fript mare funcționează la fel de bine. În această rețetă puteți folosi semințe întregi de fenicul sau înlocuiți polenul de fenicul, care este semințe de fenicul măcinate, disponibil în unele magazine de specialitate.

2 catei mari de usturoi, tocati marunt

2 linguri frunze de rozmarin, tocate marunt

1 lingura de seminte de fenicul sau polen de fenicul

Sare și piper negru proaspăt măcinat

2 linguri de ulei de măsline

1 pui mare (aproximativ 5 kg)

1. Așezați un grătar în centrul cuptorului. Preîncălziți cuptorul la 450 ° F. Ungeți cu ulei o tavă suficient de mare pentru a ține puiul.

2. Se toacă foarte fin usturoiul, rozmarinul și semințele de fenicul. Puneți condimente într-un castron mic. Adăugați sare și piper negru măcinat generos. Adăugați 1 lingură de ulei și amestecați pentru a se combina.

3. Clătiți puiul și uscați-l. Puneți vârfurile aripilor la spate. Folosește-ți degetele pentru a slăbi pielea din jurul sânilor și picioarelor. Puneți jumătate din amestecul de ierburi uniform sub pielea puiului. Puneți restul în interiorul cavității. Legați picioarele împreună cu sfoară de bucătărie. Ungeți pielea cu uleiul rămas. Pune pieptul de pui cu partea în sus în tigaie.

4. Se prăjește timp de 20 de minute. Reduceți căldura la 375 ° F. Prăjiți 45 până la 60 de minute. Puiul este gata când sucurile curg limpede când coapsa este străpunsă și temperatura în partea cea mai groasă a coapsei este de 170 ° F pe un termometru cu citire instantanee.

5. Transferați puiul pe o farfurie. Acoperiți lejer cu folie de aluminiu și țineți la cald timp de 10 minute înainte de a tăia. Se serveste fierbinte sau la temperatura camerei.

Pui Prăjit Cu Marsala și Anșoa

Pui fript in stil Catanzaro

Face 4 portii

Giuseppe, un cunoscut din New York, mi-a spus că este originar din Calabria. Când i-am spus că plănuiesc să vizitez Catanzaro în acea regiune, mi-a spus că trebuie neapărat să vizitez un fel de restaurant rustic numit „putica" pentru a mânca morzello. El a explicat că o putică este un restaurant umil care de multe ori nu are niciun semn afară, doar o pâine mare în formă de inel cunoscută sub numele de pitta montată lângă ușă. Înăuntru sunt mese comune mari și tuturor li se servește o pitta individuală umplută cu morzello, o tocană formată din bucăți de tripă și alte organe tăiate bucăți. Numele vine de la morsi, care înseamnă „mușcături".

Planurile mi s-au schimbat și nu am ajuns niciodată la Catanzaro, dar îmi place să fac acest pui fript pe care Giuseppe mi-a spus că bunica lui l-a făcut de sărbători și ocazii speciale. Combinația de arome de hamsii, Marsala și pui poate părea neobișnuită, dar ansoa se topește, adăugând doar o bogăție savuroasă sucurilor de pui, în timp ce Marsala adaugă o aromă de nucă și ajută puiul să devină un brun auriu.

1 pui (3½ până la 4 lire sterline)

Sare și piper negru proaspăt măcinat

½ lămâie

2 linguri de unt nesarat

8 fileuri de hamsii, tocate

¼ linguriță de nucșoară proaspăt măcinată

1½ pahar de Marsala uscată

1.Așezați un grătar în centrul cuptorului. Preîncălziți cuptorul la 450 ° F. Ungeți cu ulei o tavă suficient de mare pentru a ține puiul.

2.Clătiți puiul și uscați-l. Puneți vârfurile aripilor la spate. Se presară în interior și în exterior cu sare și piper. In interiorul cavitatii se introduce jumatate de lamaie, untul, ansoa si nucsoara. Pune pieptul de pui cu partea în jos în tigaie.

3.Friptură de pui 20 de minute. Întoarceți cu grijă pieptul de pui în sus și prăjiți încă 20 de minute. Turnați Marsala peste pui. Prăjiți încă 20 până la 30 de minute, ungeți de 2 sau 3 ori cu suc de tigaie. Puiul este gata atunci când sucurile curg limpede când coapsa este străpunsă și temperatura în partea cea mai groasă a coapsei este de 170 ° F pe un termometru cu citire instantanee.

4. Transferați puiul pe o farfurie. Acoperiți lejer cu folie de aluminiu și țineți la cald timp de 10 minute înainte de a tăia. Se serveste fierbinte.

Capon prăjit umplut

Capon copt copt

Face 6 până la 8 porții

Pentru cina de Crăciun în Lombardia, umplutura de capon fript este în mod tradițional compusă din cârnați de porc și fructe proaspete sau uscate. Muștarul, o varietate de fructe precum smochine, mandarine, caise, cireșe, citron și piersici, conservate într-un sirop cu aromă de muștar, este acompaniamentul tipic.

Caponii, cocoșii castrați care cântăresc între 8 și 10 kilograme, sunt în general disponibili proaspeți în timpul sărbătorilor și congelați în restul anului. Sunt cărnoase și suculente, cu o aromă asemănătoare cu puiul, doar că mai intense. Puteți folosi un pui fript mare sau un curcan mic pentru această rețetă, dar va trebui să ajustați timpul de gătire în funcție de greutate.

8 uncii de pâine italiană sau franceză veche de o zi, cu coaja îndepărtată și ruptă în bucăți

½ cană lapte

1 kilogram de cârnați de porc simplu, cu înveliș îndepărtat

10 prune fără sâmburi, tăiate

2 ouă mari, bătute

¼ linguriță de nucșoară proaspăt rasă

Sare și piper negru proaspăt măcinat

1 capon (aproximativ 8 kg)

2 linguri de ulei de măsline

2 linguri rozmarin proaspăt tocat

1½ pahar de vin alb sec

1. Într-un castron mare, înmuiați pâinea în lapte timp de 15 minute. Apoi scoateți pâinea, îndepărtați laptele și stoarceți pâinea pentru a elimina excesul de lichid. Pune-l înapoi în bol.

2. Adăugați cârnații, prunele, ouăle, sare și piper după gust, nucșoară și amestecați bine.

3. Așezați un grătar în centrul cuptorului. Preîncălziți cuptorul la 350 ° F. Ungeți cu ulei o tavă suficient de mare pentru a ține caponul.

4. Clătiți caponul și uscați-l. Umpleți ușor pasărea cu amestecul de cârnați. (Orice umplutură rămasă poate fi gătită în același timp într-o tavă de copt unsă cu unt.) Amestecați uleiul, rozmarinul, sare și piper după gust. Frecați pasărea peste tot cu amestecul. Puneți pieptul de pasăre cu partea în jos în tigaie.

5. Se prăjește 30 de minute. Se toarnă vinul în tigaie. După alte 30 de minute și după aceea la fiecare jumătate de oră, ungeți pasărea cu sucul acumulat. Când pasărea s-a prăjit timp de 60 de minute, întoarceți-o cu grijă cu pieptul în sus. Se prăjește pentru un total de 2 ore și 15 minute sau până când un termometru cu citire instantanee introdus în partea cea mai groasă a coapsei măsoară 180 ° F.

6. Transferați căponul pe o farfurie de servire. Acoperiți lejer cu folie de aluminiu timp de 15 minute pentru a se menține cald.

7. Înclinați tigaia și îndepărtați grăsimea din sucurile din tigaie cu o lingură mare. Taiati caponul si serviti-l cu sosul si umplutura.

www.ingramcontent.com/pod-product-compliance
Lightning Source LLC
Chambersburg PA
CBHW071901110526
44591CB00011B/1506